公关思维

口碑攀升的底层逻辑

[加]卡梅隆·赫罗德 　[加]阿德里安·萨拉穆诺维奇 —— 著
张德众 —— 译

FREE PR

HOW TO GET CHASED BY THE PRESS WITHOUT HIRING A PR FIRM

天津出版传媒集团
天津科学技术出版社

著作权合同登记号：图字02-2020-107

FREE PR:
How to Get Chased By The Press Without Hiring a PR Firm
Copyright © Cameron Herold & Adrian Salamunovic 2019
Copyright in Chinese simplified character translation © 2020 Beijing Bamboo Stone Culture Communication Co. Ltd
All rights reserved.
Published by special arrangement with Scribe Media in conjunction with their duly appointed agent 2 Seas Literary Agency and Co-Agent, CA-LINK International LLC.

图书在版编目（CIP）数据

公关思维：口碑攀升的底层逻辑 /（加）卡梅隆·赫罗德，（加）阿德里安·萨拉穆诺维奇著；张德众译. -- 天津：天津科学技术出版社，2020.10

书名原文：FREE PR: How to Get Chased By The Press Without Hiring a PR Firm

ISBN 978-7-5576-8471-6

Ⅰ. ①公… Ⅱ. ①卡… ②阿… ③张… Ⅲ. ①企业管理—公共关系学 Ⅳ. ①F272.9

中国版本图书馆CIP数据核字（2020）第125486号

公关思维 ：口碑攀升的底层逻辑
GONGGUAN SIWEI: KOUBEI PANSHENG DE DICENG LUOJI

责任编辑：胡艳杰

出	版：	天津出版传媒集团 天津科学技术出版社
地	址：	天津市西康路35号
邮	编：	300051
电	话：	（022）23332695
网	址：	www.tjkjcbs.com.cn
发	行：	新华书店经销
印	刷：	唐山市铭诚印刷有限公司

开本 880×1230　1/32　印张6　字数 150 000
2020年10月第1版第1次印刷
定价：42.00元

前言

那是2006年的一天,我坐在飞机上,听邻座的人给我讲他的职业故事。他是一名科学家,每天坐在实验室里做生物实验,他给我讲了许多实验中有趣的事情。比如,他给老鼠喂食可卡因,然后测量可卡因对老鼠大脑的影响。我可不是开玩笑,这个家伙可申请到百分之百纯度的可卡因来喂老鼠。你的工作跟这些比起来似乎无聊透顶,是吧?

后来,我们交换了名片,不过仅此而已。几周以后,我接到了一个朋友的电话,她是一家主流日报社的记者,在撰写一篇关于上瘾的报道,她给我打电话是因为她觉得我谁都认识(我患有严重的多动症。没错,我是有这毛病,我会跟任何人聊天,这是多动症带来的好处)。我向她介绍了那个在飞机上遇到的那个给老鼠喂可卡因的家伙,让他们自己联系。

两周后，这位科学家上了一家主流报纸的头版头条，从纽瓦克到芝加哥的飞机上我曾和他度过了一个半小时的旅程。这么说吧，因为这个报道会让他的下一轮科研资助来得容易得多了。

这种互动和随后的结果，是我第一次考虑要创立帮助记者摆脱困境（HARO，Help a Reporter Out）的工具。目前，HARO是全世界首屈一指的记者与消息来源之间的联络工具。我在飞机上遇到那个科学家之后的将近4年，我的想法传到了一家叫作福柯斯（现在叫西深）的公司那里，我的生活从此发生了翻天覆地的变化。

看，这就是公关的力量，它能让你一夜之间脱胎换骨，能保住你的饭碗，能让你一下成为英雄豪杰或者一夜暴富，最终让你名利双收，甚至可以把你的地位从"其他领域的普通科学家"一下提升到全世界数一数二的大科学家，专门研究大脑如何对付上瘾。

明白我的意思了吗？

在HARO问世之前，要获得公关服务得花好多钱。人们接触不到记者，也不知道谁负责哪一版块。记者们5分钟就换一次工作主题，谁都不知道谁几点钟都在干什么，主要是因为大多数记者都同时在做好几件事。在HARO问世之前，你别无选择了，只能请一家收费很高的公关公司，支付高昂的公关费用，盼望得到最好的结果。就是这么回事，日复一日，年复一年。

HARO改变了这一切，它以民主化的方式实现了公关，还推出了一种全新的方式，把你的品牌展现在受众面前。

不过，这还是有点儿棘手。你需要规则、指导方针、技巧和策略才能实现这个目标。否则，你的成功顶多是昙花一现。

这正是卡梅隆和阿德里安的切入点，他们为那些想获得媒体关注、提升自己品牌、走在公众前面的人写下了这部终极指南。这本书就是你一直在苦苦寻找的路线图，无论你的公司从事什么行业，它都是引导你获得媒体关注的最具权威性的指南。在一个没有"做您自己的公关"这一理念的世界里，这对于任何一个想做自己的公关的人来说，都是一本必读书。

我想我帮助大家开创了这一理念。

阅读此书，你会受益匪浅。

HARO创始人彼得·山克曼

内容提要

众所周知,要得到媒体的关注是一个非常复杂的、极具科学性的过程,涉及聘请公关公司或咨询顾问,他们能接触到我们难以触及的资源。为了公司的利益,我们平均每个月向这些公关魔术师支付5000美元甚至更多的费用,但这并不能保证他们的服务做得到位。尽管如此,我们还是得支付这笔费用,除此之外,我们似乎别无选择。

但正确的答案是,我们还有很多选择,这些选择不仅有效,而且还免费。

你听说过1-800-GOT-JUNK?吗?这是一家垃圾清理服务公司。该公司的前任首席运营官、本书的合著者卡梅隆·赫罗德第一个承认垃圾清理不是最有魅力、最有趣的服务。尽管如此,他还是在短短6年之间,将公司的营业收入从200万美元提升到1.06亿美元,从14名总部员工发展到3300名全系统员工。

卡梅隆的这一壮举几乎完全是依靠媒体投放完成的,换句话说,是通过公关完成的。短短的几年时间,卡梅隆组建了内部公关团队,完善了公关体系,共计5200多篇故事发布在《财富》《华尔街日报》《纽约时报》,以及美国消费者新闻与商业频道(CNBC)的《财经论坛》(*Squawk Box*)栏目和奥普拉·温弗瑞的脱口秀等主流媒体和节目上,获得了相当高的点击率。

可能你已经注意到,卡梅隆在公司的头衔跟公共关系没有任何关系,他不需要特定的学位,不需要培训,不涉及任何咨询顾问或外部公关公司。他没花多长时间就组建了一个小型的内部公关团队,通过创意、研究、投入以及明确自己的愿景,接二连三地为自己打开了一扇扇门。

卡梅隆培训跨国公司的首席执行官们采用他在1-800-GOT-JUNK?所采用的策略来扩展业务时,合著者阿德里安·萨拉穆诺维奇正在位于渥太华的公寓里施展自己的魔法。阿德里安只用了自己的信用卡就创办了DNA11公司,专门将DNA图像转化成艺术品。他没花广告费,没有公关预算的费用,自然也就没什么可损失的。

阿德里安亲自接触了《连线》杂志社、《花花公子》杂志社、《探索频道》以及一些颇具影响力的博客,并得到了这些媒体的密切关注。当时，在《连线》杂志上刊登一则广告要花5万美元，而他在同一份刊物上获得了更有意义的编辑空间，不仅有趣，还花不了多少钱。结果，DNA11获得了媒体的全面报道，仅在一个月内就创造了8万多美元的假日销售额。第一年全年，DNA11继续将公关当作唯一的广告形式，这是一种最好的广告，因为这样不仅免费，而且口碑良好，还非常有效。这样，第一年DNA11的销售额就超过了100万美元。

目前阿德里安经营的是一家盈利企业，在今后许多年里还要继续采用同样的策略来推动DNA11的业务不断突飞猛进，创造数千万美元的收入。他采用与我们在本书中介绍的电子商务图片印刷公司CanvasPop相同的策略和方法，收入突破了8位数，主要依靠的仍然是免费公关的力量。事实上，无论你从事什么行业，几乎任何企业都可以采取本书中所讲述的策略，并从中受益。

阿德里安通过自己的努力，在《唐尼·多伊奇的大创意》等知名度很高的媒体上取得了成功，还在《犯罪现场调查：纽约》的某一集里成了整个故事情节的主线，这可是当时全世界收视率最高的电视剧之一。

一生当中最令阿德里安激动的就是几年前创办DNA11时，在那间公寓里和他的家人、朋友一起收看那一集《犯罪现场调查：纽约》的时刻。

多年以来，阿德里安一直在为他的公司和其他人争取《纽约时报》《华尔街日报》《边缘》《今日秀》等数百家人气旺盛的媒体的广泛关注。在这个过程中，他认识到，只要有正确的流程，公司在哪儿免费登场都是不会有限制的。

传统的公关模式已被打破

也许你会想：要是我的公司也能轻易得到媒体的关注，那我为什么还要每个月都向公关公司支付那么大一笔费用？我的回答是：你是不应该这样，传统的公关模式早就被打破了。

你应该这样想：你付给公关代表的钱相当于一份全职人员的工资，而这位公关代表大概一星期只关注你一天。把开发能够吸引记者关注的故事视角这一艰巨的、至关重要的工作分配给这位公关代表，你只能把希望寄托在这位公关代表能构思出高质量的故事创意上。他们要是失败了，那你就等于花了很多冤枉钱。

这里还有个问题，你聘请的公关代表对你公司的文化、专业知识、具体的业务情况了解得很肤浅。他们不会因为关心你的公司就满怀激情、全身心地向全世界介绍你的公司，他们这样做完全是出于经济利益考虑，这也无可厚非，毕竟他们也是在做生意。但是采取这种模式为你服务，效果会好吗？

你可能跟其他很多公司一样，被某家公关公司的联系人和他们与媒体的关系吸引，与他们签订了公关合约。过了一段时间，你会发现这些媒体关系并不像最初声称的那样稳固。

于是你就开始想"我为什么要给这家公关公司钱？"这个问题问得好。其实，我们希望你问自己这个问题。你要是没问过，那就应该问，因为有一个更好的办法能让你实现自己的公关目标，这个办法既能让你少走弯路，不会让你失望，还能帮你省去聘请公关公司的费用。这个办法就是自力更生，一分钱不花，做你自己的公关。

2000年10月，卡梅隆以首席运营官的身份加盟1-800-GOT-JUNK?时，1-800-GOT-JUNK?每个月都要向一家总部设在圣地亚哥的公关公司支付5000美元来提高公司的媒体关注度。卡梅隆把这件事叫作"花冤枉钱"。他自己拿起了电话，不到两周，他获得的媒体关注度就比这家收费昂贵的公关公司过去6个月所带来的还要多。于是1-800-GOT-JUNK?解除了与那家公关公司的合作关系，取而代之让一名内部人员来做这份工作。从那以后，那名内部人员每个月为公司收获的效果是那家公关公司的5倍。

你自己也能干

不管别人对你提什么反对意见（或者更准确地说，卖给你什么产品），我们俩都不是在做你自己做不到的事。后面几页，我们要向你介绍我们是如何在没给公关公司一分钱的情况下一次又一次地在公关方面大获全胜的。我们要把具体的策略跟大家分享。你要使用的工具很简单，而且物有所值。如果你拥有优质的产品、完善的售后服务，愿意把时间和精力投入到公关上，那么这种策略对我们有效，对你同样有效。

本书中讲述的工具适用于任何类型的企业。不管你是企业对消费者型，还是企业对企业型，不管你销售的是产品还是服务，原则上都是一样的。这些工具还可以涉猎各行各业，包括零售业、电子商务、软件服务等行业。我们要采取的策略对所有媒体都有效，包括电视、纸质、在线媒体、广播、播客、行业杂志等。

我们将带你了解如何寻找合适的媒体渠道，如何选择合适的记者，如何向报纸杂志投稿，如何创作适合你公司的宣传故事，以争取得到最好的效果；以及如何准备接受电视、广播、纸质媒体及在线记者的采访，同时向大家展示如何组建一个动态的内部公关团队。

牢记你的公关目的

如果你想问："公关真的有必要这么麻烦吗？"答案是肯定的，并且绝对有必要。公关策略的顺利实施，可以实现5个主要目标,这对你在业务上取得成功至关重要。公关会源源不断地给你带来礼物。

1. 品牌意识

如果没人知道你的公司,那你还能生存吗?嗯,是的,你大概赚不了多少钱。公共关系会让你树立品牌意识。人们只有知道你的存在,才能跟你做生意。他们一旦了解了你的品牌,并进行了验证,就会开始信任你,并与你的公司建立关系。

2. 流量与被推荐

当人们意识到你的存在(你向他们提供称心如意的产品或服务)时,就会来找你。媒体链接会带来好几年的流量和有组织的推荐。你可以通过签约、订阅和销售的方式来利用这种关注,与仅仅依靠付费广告相比,流量最终帮助你传播信息、培养客户,最重要的是,在降低客户获取成本(CAC)的同时还可以提高实际收入。

3. 链接汁(Link Juice)

当在线链接点击后,不仅能创造流量,还能优化搜索引擎(SEO)。你收到的流量越多,来自可信媒体的链接越多,谷歌就越了解你们公司很重要,你在搜索结果中就越靠前。

4. 社会认同

人们都有从众心理,当看到媒体和有影响力的人都认可你的公司,那些大人物和主流媒体也都在谈论你,那么大家也会认同你的公司。与潜在的客户和合作伙伴建立即时的信任关系，没有比这更好的办法去提高公司的社会认同了。

5. 涟漪效应

当一两位记者报道你时，有趣的事情发生了：有更多的记者也跟着报道你。报道你的记者越多，想跟你合作的人就越多。公共关系创造了一种良性循环，让你的日子过得越来越轻松。请记住这一点，当你开始向记者投稿时，要吸引人们的眼球，肯定是最难的。但当你打开局面后，涟漪效应就会发生，不仅有越来越多的媒体对你的投稿感兴趣，而且他们还会主动来找你。

九十九个"No"

本书中讲述的策略能起作用，然而，有一点你一定要理解，就是这并不等于你所有的故事情节都能被采纳。实际上，绝大部分故事情节都不会被采纳。这对所有大公司和公关公司来说都一样。重要的是你得到了那几个重要的"Yes"，而且还可以利用你所得到的每一个"Yes"。

公关就是要有干劲和毅力。你会多次碰到"No"，但是只要有一个"Yes"就能改变你们公司的命运。我们都经历过改变人生的"Yes"。一切皆有可能，但如果你不把自己放在一个具有战略意义的位置上，那么就什么都不会发生。我们来教你怎么做。

想的大，赢得大

如果你是一名首席执行官，那么你参与公司的公关工作就很重要，因为公关工作做得到位，可以有力地推进你的愿景，实施你的战略计划，实现你的宏伟目标。你要不是首席执行官，那么就需要让你的首席执行官意识到他们需要在你的公关工作中发挥什么样的作用。

首席执行官们需要了解公关工作的具体情况，因为他们很可能会在确定目标受众、构思故事视角等环节发挥极其重要的作用，更不用说，一旦你的公关团队发表了故事，首席执行官就很可能成为公司的代言人。

采用这个策略，你就可以根据企业的规模和预算，通过自身或内部团队的努力形成公关。你的公司将受到主流媒体的追捧，从而获得高收益。

最重要的是一定要记住：有效公关最大的桎梏往往就是你自己。你一定要相信自己，相信只要努力，一切皆有可能。

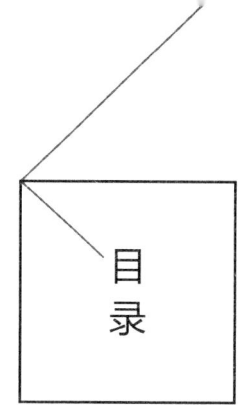

1 了解媒体环境现状

价值连城的媒体机遇 / 002

媒体的工作内容 / 005

找准公关的着力点 / 007

注意力经济 / 009

媒体的类型 / 011

2 了解媒体运作机制

与记者合作 / 018

传统的新闻获取方式 / 020

内部公关稿更有感染力 / 025

人脉公关 / 028

3 精准架构故事视角,直击受众内心

受众访问的媒体渠道 / 032

故事视角概述 / 037

四个故事类别 / 040

五个故事视角 / 043

创建你的故事视角 / 047

视角如何帮助你实施战略 / 052

4 创建媒体列表

媒体渠道要匹配受众与品牌定位 / 056

锁定正确的媒体渠道 / 059

识别合适媒体渠道的技巧 / 062

创建并优化媒体列表 / 070

5 创作高质量的新闻稿

新闻稿及其构成要素 / 076

常见的新闻稿缺陷 / 087

新闻稿一定要投放到网上 / 089

撰写投稿邮件 / 091

6 与记者合作

形成自己的公关风格 / 098

阿德里安的公关风格：1-2-3组合拳 / 099

卡梅隆的公关风格：让自己与众不同 / 106

媒体沟通渠道 / 110

7 电视与播客采访

做好准备工作 / 114

理清谈话要点 / 116

保持良好心态 / 118

办公室采访 / 122

播客准备 / 124

访谈注意事项 / 126

8 纸质媒体与在线媒体采访

让采访效果最大化的技巧 / 134

在线媒体采访注意事项 / 141

选择合适的新闻图片 / 143

利用你的媒体关注度 / 150

9 吸引公众关注，打造品牌热度

跳出俗套做公关 / 156

策划吸引人的品牌活动 / 158

突击营销 / 161

结语 / 168

CHAPTER ONE

1

了解媒体环境现状

当今的媒体跟我们了解的10年前的媒体有天壤之别,整个环境都变了。好消息是,它变得对你有好处。一旦你了解了这些变化,了解了这些变化对记者选择和撰写故事的方式会产生什么样的影响,你就会明白为什么免费公关是有效的。

价值连城的媒体机遇

首先我们要知道媒体是商业机构，不是什么公共服务机构。当纸质媒体蓬勃发展时，它的广告收入要丰厚得多。丰厚的广告收入意味着当记者和做调查性新闻工作的薪水是不错的。以前，记者们更倾向于寻找他们的故事、从不同的角度做调查研究，然后把结果公之于众。

现在情况没那么好了，利润率下降意味着记者人数减少。再加上数字媒体越来越红火，媒体需要源源不断地迅速推出新内容，记者人数本来就捉襟见肘，还要在更短的截稿日期内交稿，压力可想而知。

正因为如此，记者们才要寻觅那些包装精美、亲自送上门的故事。这是公共关系的职能，就报道和采访视角而言，记者们更喜欢哪些容易完成的作品。

即便如此，专业的公关人员可能还会跟你说，要把这些故事提交到记者手中，还需要一名经验丰富的专家提供一份媒体联系人清单。其实不是这样，只要稍加研究，便能轻松得到媒体联系人的资料。

拉开窗帘，你会发现，就像根本不存在什么巫师一样，你和记者之间并没有一道无法穿透的隔离墙。对，不需要中间人。所有这一切加在一起，意味着你可以很轻松地与有意向合作的媒体取得联系。

当卡梅隆决定实施1-800-GOT-JUNK？的内部公关项目时，他雇了一个在公关领域没有任何经验的人。卡梅隆向他交代了公司考虑向媒体宣传的5个角度（关于这个问题，本书第三章有详细介绍），然后放权给他。尽管这名员工以前从来没跟任何媒体打过交道，但他在一个月之内还是完成了7篇故事的创作与发表。大约一年以后，卡梅隆又雇了两名员工，也是没什么特别的公关经验，没过多长时间，他们每个月也能完成大约7篇故事的报道。

你可能很好奇，对于一名新手来说，这么高的成功率是怎么实现的。很简单，我们一座城市一座城市地宣传每一篇故事，要是《芝加哥论坛报》刊登了一篇关于我们的报道，我们就把同一篇报道发给《波士顿环球报》《达拉斯晨报》《旧金山纪事报》等媒体。这些发行量很大的媒体开始追踪同样的故事，我们的故事就可以推送给不同的记者、不同的受众，不断提高点击率。

通过这件事，卡梅隆证实了他的判断：媒体非常需要好的内容。只要你以正确的方式接近记者，他们就会报道你的故事，并把你的故事称为新闻。

还有一点不要忘记，除了传统媒体的影响力不断扩大和日益多样化，许多新式媒体纷至沓来。例如传统媒体的数字形式，如有影响力的人和内容提供者还通过YouTube、推特（Twitter）、照片墙（Instagram）等具有颠覆性的新渠道来吸引大量受众。免费公关之所以突飞猛进，令人难以置信，就是因为这些媒体不断需要新故事、新思路，让我们的社交信息随时都有新鲜的内容。

媒体的工作内容

在我们开动马力前,先来看看媒体的业务是如何运作的。实质上,在故事背后,媒体是公众和企业的喉舌。是的,媒体向公众提供重要的信息,但是在如今这个年代,它更倾向于成为人们茶余饭后的话题来源,而不是一个真正的社会监督者。

而一些直言不讳的调查性新闻工作确实存在,但它往往仅限于《纽约时报》《华盛顿邮报》等具体的媒体,甚至这些媒体也开始报道一些非调查性内容。

每个人都有故事可讲,而且主要是通过用电子邮件投稿和新闻稿的形式向媒体讲述。媒体和个别记者一天要接好几百封邮件,忙得焦头烂额。(在后面几章,我们会探讨,如何让你的投稿在记者的收件箱里格外显眼。)

没有你想象的那么浪漫，对吧？足智多谋的记者揭露腐败，嗜酒如命的编辑勇敢地对抗贪得无厌的广告商，记者们为广大消费者发掘新奇产品，这样浪漫的时代已经一去不复返了。

但是我们不是以消费者的身份为你写这本书，而是以公关部门的身份。与其哀叹媒体所经受的财务和内容变化，不如考虑一下，当你利用媒体来讲述故事时应该怎么做。

找准公关的着力点

不要忘记，公关的过程是等价交换。你向媒体提供的是有价值的服务，同时，媒体也向你提供有价值的服务。媒体需要源源不断的新鲜事，他们可以对这些内容进行加工润色，并包装成成品卖给消费者。你有他们需要的东西，他们也有你需要的东西来销售你的产品。这就是媒体世界的生命循环。

你是在帮助记者，向他们提供资料，帮助他们完成工作。

回忆一下，你在中学上英语课时，老师站在课堂上说："今天你们写一篇故事，什么内容都行。给你们30分钟时间，开始！"

你是不是觉得脑袋嗡嗡响？不知道从哪儿下笔，在接下来的半个小时里，至少有15分钟是拿笔一个劲儿地敲打桌子，搞不清楚在不计其数的话题当中到底写什么才好。

记者天天都要面对这种情况，他们无时无刻不在搜寻故事。我们的工作就是帮助他们找灵感，这就是公关，公关为共享信息提供了一个新的线索，我们将这些信息当作一种我们称为"新闻"的产品来消费。

媒体需要这些记者提供内容，因为这是他们做广告销售的一种手段。消费者为获取新闻无论支付多大一笔费用，都无法反映生产该产品所需的实际成本。广告商或赞助商需要支付额外的巨额费用才能将新闻投放给固定受众。

在一个非常真实的意义上，媒体销售的是你本身的故事，你是媒体的大客户。用订阅费来支付报道费、制作费及销售内容的相关费用的日子已经一去不复返了，现在的一切都跟广告收入有关。企业花钱在媒体上投放广告，媒体既收获了内容，又得到了不菲的收入，还能够向他们的读者介绍相应的产品或服务。

既然广告对媒体有利可图，那么媒体就想以较高的价格来销售更多的广告。但是他们需要一个能够吸引读者或受众的强大的文案，此刻，强大、优质的内容就能派上用场了。这就是你开始顺风航行的地方。

把故事整理好，交给媒体去讲述，这样谁都是赢家。你的消息发表了，记者得到了新鲜的内容，消费者得到了有趣的或者有价值的故事，广告商也可以在大批受众面前销售他们的产品。

注意力经济

要了解当今媒体,我们还必须了解当代的文化和技术。过去10年来媒体发生的变化直接关系到这两个领域的变迁,世界变了,人们吸引媒体的方式也变了。

毫无疑问,目前,脸书(Facebook)、照片墙(Instagram)、奈飞(Netflix)是最成功的几家媒体企业之一。这几家公司之所以价值不菲,是因为公司所能拥有的最有价值的资产就是关注。这三家企业得到了广泛的关注。关注反过来也推动免费曝光,从而带来大量的广告和丰厚的收入。因此,关注可以直接转化为收益。

利用注意力经济取得成功的典型人物是金·卡戴珊。不管你是喜欢她还是讨厌她,她都是吸引眼球的高手,这毫无疑问。这种关注使她财源滚滚,从视频游戏、化妆品到健身器材,她真可谓点石成金。她吸引了媒体和公众的广泛关注，占领了市场。

还有一件非常重要的事需要了解，因为关注能带来价值，因此越来越多的人绞尽脑汁想要博得消费者的关注。从前，广告多多少少局限于几家主流电视网络和地方报纸。现在，广告具有超强的针对性，而且无处不在。我们被噪音包围了——成千上万条推文，收件箱里几十条信息，不计其数的YouTube频道，真是不胜枚举，而且它们还以几何级数增长。太多的媒介让受众眼花缭乱，有的企业想通过它们的全方位出击博得受众的广泛关注，但结果却使受众更容易将企业信息拒之门外。然而，这并不是说你不可能博得受众的关注，而是警示你要以正确的方法来博得受众的关注。

为满足注意力经济而出现的媒体爆炸式增长，也意味着比以往任何时候都有更多的机会。以前出现过瓶颈效应，因为只有为数不多的几家主流媒体能决定应该报道哪些内容。现在，只要你愿意投入工作，就能找到更多的宣传内容。

从公关的角度来看，关注可以转化为访客和流量。关注在你打造品牌的过程中能发挥很大的作用，通过打造品牌，你可以与客户建立信任，吸引回头客。这些将带给企业更多的利益、更高的市场份额，你可以看到这一切是多么具有循环性。

正因为如此，媒体对你的企业至关重要，可以帮你吸引眼球，这是无价的。

媒体的类型

现在你知道了你为什么对媒体很重要，那么了解媒体对你同样很重要。当然，一个显而易见的原因是，媒体可以把你公之于众。然而，你还可以通过很多种其他途径来达到这一目的，比如打广告、在社交媒体发表言论等。所以，既然你有这些渠道，那么你为什么还要花时间推出公关策略来吸引媒体的关注，而不选择其他渠道呢？我们来看看。

现在，有三种主要类型的媒体，分别是付费媒体、自有媒体和免费媒体。各行各业都可以用它们来吸引人们关注自己的产品和服务。其中有的媒体影响力较大，有的媒体影响力相对较小，不过它们都有自己的特点及属性。

下图为主要媒体类型及其特点示意图，通过此图你可以直观地了解不同类型媒体的特点与属性。

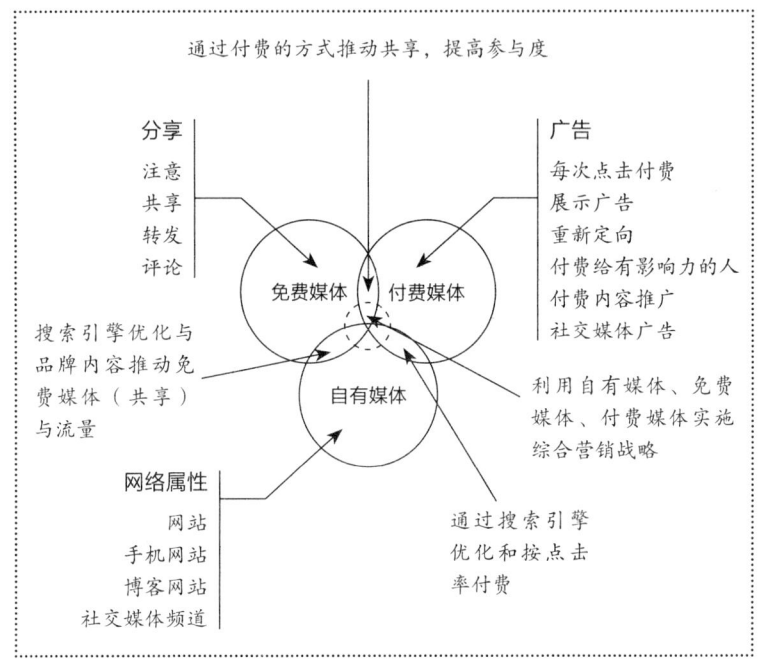

图1-1 媒体类型及其特点示意图

1. 付费媒体

付费媒体基本上就是广告的同义词。当今这个年代，付费媒体可以包括很多形式，从广告牌到商业广告、横幅，再到社交媒体上的按点击率收费的广告。这种媒体形式的主要问题非常明显——价格昂贵。不仅如此,尽管你花了很多钱竭尽全力想向大众宣传,你的信息还是有可能被忽视。具有讽刺意味的是,付费媒体的成本越来越高,竞争越来越激烈。

付费媒体最大的问题是消费者比以前精明多了,受教育程度也比以前高多了。他们一眼就能看出是广告,即使伪装得再好也逃不过他们的眼睛。消费者看重的是真实性,而对大多数人来说,广告不属于这一类。此外,从实用的角度来看,破坏性广告,如弹出式广告、电视商业广告,影响了人们对媒体的感受。我想我们大家都认为这很讨厌。招人讨厌绝对不是你想给潜在客户留下的印象。

有一种说法"您只有一种选择时意味着您没有选择"。虽然,这不一定全对,但是很有趣,其中包含一个很重要的道理。如果你的公司是一家小型企业或处于成长阶段的中型企业,你发现唯一的选择就是付费媒体,这是一个危险信号,表明你的公司不那么令人感兴趣,或者更准确地说,你还没想出什么有趣的方式来宣传你的故事。

当你转向付费媒体时,你基本上是在强迫市场,必须通过花钱打广告的方式强迫别人关注你的企业,否则没有人会注意。

当然,这里也有一些注意事项。企业随着业务的不断发展,规模不断扩大,他们往往不能完全依赖媒体对他们进行主动报道,他们不得不登广告。比如,可口可乐是一家大公司,但他们还是离不开付费媒体。在这种情况下，并不意味着他们犯了什么错误，这只是一个可伸缩性的问题，因为他们必须登广告才能保住顶级品牌的位置。

2. 自有媒体

自有媒体是指在你自己管辖范围内，或者你自己所拥有的渠道，包括你的网站和社交媒体渠道。由于你拥有这些渠道，那么就可以决定它们的信息传递方式。你可以修改信息内容，尝试不同的策略，基本上你可以想说什么就说什么，想做什么就做什么。

用自有媒体传递信息非常好但是因为它不具有开拓性，无法确保你要联系的人会主动找上门来。在自己的频道上，营销策略再伟大，你的目标受众不看的话，那也一文不值。

自有媒体最大的好处就在于，可以进一步提高你的免费媒体的关注度。我们将在本书后面的章节探讨如何围绕免费媒体关注度来提高参与度。

3. 免费媒体

免费媒体是我们公关工作的重点，也是我们今后要关注的媒体形式。免费媒体是指在线媒体或纸质媒体、有影响力的频道、电视、广播和播客等。它的名字恰如其分,因为我们必须赢得这种形式的媒体曝光。免费媒体还有一个名字,叫作口碑。

付费广告往往具有破坏性,而免费媒体却很有吸引力。消费者可从对通过免费媒体渠道获得的信息进行选择消化。这些信息是通过内容、背景或价值获取的。

有的公司非常擅长利用免费的媒体,如爱彼迎(Airbnb)、汤姆布鞋(TOMS Shoes)和世界慈善水资源基金会(Charity Water)等,它们的业务都得到了媒体的长期关注。当然还有,维京集团创始人理查德·布兰森,他是免费媒体之王。他时常出现在新闻里,做一些疯狂的噱头。因此,上至60岁的老人,下至15岁的孩子,都知道布兰森是谁,都知道维京集团。这并不是意外,理查德·布兰森的知名度这么高,是因为他是操纵媒体关注的高手,而且需要说明的是,这并不是一件坏事。

布兰森是个名人,因为他让自己成了一个引人注目的大人物。然而,你不用为了让免费媒体为你服务而使自己成为名人。其实,还有一个运用免费媒体的很有说服力的实例,你或许不知道他叫什么名字,但你可能非常了解他的故事,他叫凯尔·麦克唐纳。

麦克唐纳,也许叫他"曲别针男"更耳熟能详,或者通过他的网站RedPaperclip.com,我们可以了解到他是个博客写手,他用一个红色曲别针一路做物物交换,最后换了一套房子。

在短短一年的时间里,麦克唐纳就通过一个接一个的在线交易把这个曲别针变成了一套住宅。他从一个曲别针开始,到一个野营火炉,最后换取了一所房子。麦克唐纳有能力实现这一步步升级,是因为他本人和他的项目引起了人们的广泛关注。他得到了英国广播公司、MTV及以《纽约时报》《华尔街日报》《今日秀》《早安美国》等主流媒体的关注,而且他并没有为他的冒险事业花一分钱的广告费,他的故事为他赢得了媒体的大力支持。

下一步

　　了解了形势,你大概就能明白,为什么几个因素结合在一起就能改变公关游戏。是的,你需要媒体,而媒体同样也需要你。不过,也许你还是不相信你能胜任这份工作。我们可以向你保证,你没问题。下一章你就知道原因了。

CHAPTER TWO

2

了解媒体运作机制

我们认为你或你的公关代表与媒体之间确实存在一种共生关系，你需要他们，他们也需要你。你可以让你的企业迅速提高知名度，媒体公司可以吸引人们的关注，获得流量，并将流量转换成经济效益。因此，当你了解了媒体如何运作时，你就知道了如何更高效地打通媒体关节。

与记者合作

即使了解了所有这些情况,记者们还是会让人产生一种神秘感。我们已经习惯性地认为不能光给他们发电子邮件或打电话,但是又担心盲目地去接触记者,很难取得最好的结果。其实,你没有理由不能跟记者直接接触,很多人都这么干。这些接触记者的人,十有八九就是制作新闻的人。

可能你还是有些担心,我们可以向你保证,一旦你接触到这些工作中的记者,你很快就会意识到他们跟你一样,是普通人,一样努力工作养活自己。唯一的区别是他们的工作是要创作新内容。

把记者想象成一个漂亮的女中学生,没有人邀请她参加毕业舞会,因为每个人都怕遭到她的拒绝,但是她很可能会对任何一个想约她出去玩的人说"是"。同样,大多数记者都很想听到你的消息，只要他们的受众对你的故事感兴趣。

记者们都在不停地寻找下一个故事，他们需要新的思路、新的声音，这对你来说绝对是个好消息！你精心构思的故事情节很受他们欢迎。这的确是个好办法，你是在帮助记者，给他们带去灵感和线索，引导他们创作他们需要的内容。

就像其他任何关系一样，与记者最好的关系是双向互动的。如果你把记者仅仅当作使你们公司受到广泛关注的一种工具，那你恐怕看不到特别好的结果。以下这种方式看起来要有效得多：你为记者工作，你的工作是通过一种既有说服力又容易理解的方式把故事交给他们，使他们工作起来更得心应手。你需要做的是用合适的方法包装你的故事情节，以便他们可以很轻松地把你的故事情节传递给他们的受众。

传统的新闻获取方式

1. 奇迹跑出去

当你考虑瞬息万变的新闻行业时,你就想想蜘蛛侠,这位大英雄的另一面——彼得·帕克是个报社记者。他的编辑动不动就冲他大喊大叫,让他去采集故事,于是他就抓起照相机,冲出大楼。这就是这个行业过去的样子。

现在让记者采集故事,他就坐在办公桌旁整理他的邮件,从中挑选有趣的投稿,说不定被他相中的投稿就是像你这样的人写的。编辑们再也不在办公室里抽雪茄,不再用波旁威士忌把办公桌的抽屉塞得满满的。记者们也不再像私家侦探那样,戴着软呢帽偷偷摸摸地工作。

这对你来说意味着什么？很简单：他们想收到你的信息。

2. 经久不衰的素材

为消费者带来新闻的记者与编辑，通常要负责为他们的早间编辑会议带来几篇故事。他们在会上介绍的创意越多，就越有可能在当天的新闻圈中赢得一席之地，并给决策者留下深刻的印象。编辑们通常都是带着想法来到会议桌前，然后把这些素材发给内部记者和自由撰稿人。

从事媒体行业的人都知道，不是每天早上都有爆炸性的新闻发生。他们在不断寻找那些在任何时候都可以拿来用的常用素材。这些故事对时间不是很敏感，可以存储在电脑中，蓄势待发，在媒体机构没什么大新闻的日子里用来填充版面。

创建一个新颖的新闻来源是一项不可或缺而又十分困难的任务。而且，有时报纸版面的内容比实际要少，比如赞助商要打广告，或者故事突然被毙掉，诸如此类的原因。广播媒体同样如此。在这种情况下，媒体就需要更多的故事来填补空缺。

没有人比记者更了解现在的新闻周期是全天候的。人们再也不在早上喝咖啡的时候或上下班路上等固定时间看新闻。如今，当我们在银行一边排队一边看手机时，一边端着咖啡一边忙碌时，睡觉前翻阅手机时，坦率地说，甚至我们如厕时，都希望有新鲜的新闻故事供我们消遣。

常用素材是媒体的应急预案,因此,消费者在任何情况下,随时随地都能得到最新消息。以TechCrunch(美国科技类博客媒体)为例,平均每天发表20多篇故事,一年发表7000多篇!这意味着,你有7000多个机会,将你的故事呈现在受众面前。许多媒体每天发表的故事都比这多得多——例如,Huffpost(赫芬顿邮报)和Buzzfeed(美国一家新闻聚合网站)。各类媒体都是填不饱肚子的机器,它们需要你的信息。

3. 季节性的素材

除了经久不衰的素材以外,记者们还需要季节性的素材,这些素材主要与一年当中的具体时间相对应。各种类型的媒体都要制定编辑日历,以确定这些素材何时表现最佳,并及时向消费者提供信息。因此,以火鸡养殖为例,很可能会在感恩节之前播出;关于烧烤技艺的素材可能会在父亲节前后播出。

编辑日历允许媒体提前安排计划,并给记者们提供一种感觉,即必须收集多少新内容才能完成一个故事。这种季节性的感觉在向媒体提供采访角度时需要牢记。如果你能解释你的故事是如何与假期、春季大扫除或返校等活动紧密联系在一起的,你就有更好的机会说服媒体来发表你的文章。这是公关公司掌握的一个行业诀窍。

> **小贴士：你的公关团队寻找正确的人**
>
> 以我们的经验来看，最成功的内部公关人士都有销售背景，而不是营销、写作或者是公共关系背景。你要寻找的是热爱电话销售，提出问题，耐心倾听对方回答的人。这个人伶牙俐齿，能够通过任何媒介传递他的能量和激情，并且热爱公司，认同公司的企业文化及核心价值观，能不遗余力地支持公司的发展目标。同样重要的是，你的公关人员对内、对外，都应该是公司的核心。这个职位必须由专人来做，用其他岗位的员工或闲散度日的人肯定是不行的。
>
> 你需要招聘能承受拒绝的人。即使一天到晚听到的全是"No"，他们也无所谓，他们不把这当作最终的回答，他们具备足够的耐力来应对苦差事。
>
> 你还需要精通技术的人。成功的公关需要做大量的在线研究、应用程序，需要使用像客户关系管理这样的工具。一个人对媒体的了解程度越高，就越能理解记者和受众的需求，以及如何相应地包装信息，内部公关项目就会越成功。通常，这种能力是销售人员与生俱来的。

你的公关人员应该是一名才华横溢的作家,他们能正确掌握语法、拼写、句子结构、词汇及其他基础知识。要知道,这并不意味着你要通过交易来雇一名作家或记者,因为他们通常缺乏胜任这个职位所必备的销售技巧。

最重要的是,你要找的不是一个有公关背景的人,尽管这听起来有点儿不合常理。一个经过专业训练的公关专家会有很多坏的职业习惯。他们已经习惯了整天写新闻稿,和编辑们白费口舌,动不动就异想天开地变着花样进行宣传。这都不是你需要的,你要想办法尽量避免这些。

换句话说,你要找的是个天生的实干家。

内部公关稿更有感染力

到目前为止,这些内容还没有特别难懂的地方,对吧?我们想要让你明白的是,跟你合作的公关公司做的并不是多么复杂的工作。他们只是对公关结构要素理解得更透彻,关于这一点,我们在本章中已经讨论过了。我们一旦把握这些基本概念,知道公关代表都在干什么,就可以轻而易举地把这些知识和技巧应用到自己的实践当中。

按照定义,公关公司是中间商。同样,你聘用的公关代表首先效忠的是公关公司,而不是你。这并不等于你聘用的公关代表不维护你的利益,这一点你需要注意。

公关公司的聘用期限通常为3个月、6个月或者一年。通常,最初两个月为研究阶段。公关公司要了解你们公司的一些情况,构思故事思路，把宣传步骤与他们和媒体接触的计划进行整合，并与他们的客户——也就是你本人分享这一计划。在这段时间，几乎任何地方都不会产生什么新闻。没错，至少四到八周内，你花了钱，看不到任何效果。

但如果是公司内部的公关人员，面对同样的工作，短时间内即可完成。这就是选择一个公司内部的，与公司产品或服务为伴，熟悉公司企业文化的公关人员的诸多好处之一。即使是最好的公关公司也很可能永远没有机会如此深入地了解公司和公司的产品。

几个月之后，公关公司将委派专人负责你的项目，这个人大约每周向新闻媒体推荐一次故事。公关公司通常解释为，他们需要把更多的时间花在创造视角上，而不是向记者投稿。如果你选择把你的新闻稿放在新闻网上（关于这个问题，我们将在第五章进行讨论），以便记者能获取它们，那么公关公司将收取额外的费用。这是你在公司内部，以比较低廉的成本就能完成的任务。

千万要记住，你的公关公司还要服务其他客户。这就好比谈恋爱，他脚踩四五只船。那个人到底爱的是谁？你从他那里能得到多少爱？绝对不够，因为那个人把爱传播得过于分散。

你需要的是对你的品牌和文化非常专注、非常痴迷的，能全心全意宣传你本人和公司的人。当他们采用一种与公关人员不尽相同的方式与记者进行交流时，这种诚意就会被传达出来。作为人类，我们能读懂真实性，我们知道一个人什么时候对某件事或某个人真正充满激情。公司内部的公关人员，能以一种显而易见的方式来展现更多的能量、激情和兴奋度，从而感染记者与受众。

即使你最终宣传的故事跟公关公司运作的完全相同，但内部的公关人员来做的话还是有明显的优势的。事实上，你每天都生活在这个故事里。你花时间与你创作这个故事的团队在一起，你们所有人都很亢奋，你们的能量可以转移并被吸收，不能伪造。

这一点对于鼓动记者选择你的故事，而不选择别人的故事会产生很大的影响。你的故事会让记者产生一种特别强烈的真实感。他们能区别激情与日常表现。正是出于同样的原因，记者们喜欢听取公司的创始人、首席执行官的意见。对于一个话题，大概不会有人比话题的制造者更有发言权了。

人脉公关

公关公司往往声称可以让你接触到媒体,他们的筹码是,他们已经与为读者提供故事与报道的记者建立了合作关系。有时他们确实有权限,但通常他们接触的并不会比你接触的多太多。

即使公关代表认识一些记者,他们也不可能一连几个月都让你看到6到7个故事。有很多公司的公关代表会给记者提供大量的稿件,所以只发表一个公关代表的投稿的想法是荒谬的。

还要记住,你的公关公司还会向这些记者推荐其他客户,这就变成了一场零和游戏:你的公关公司必须选择向记者推荐哪家客户。现在,你拿起电话,直接向那位记者热情洋溢地介绍,这样他们完全有可能选择你的故事,而不是选择公关公司推荐的那几篇。

要提防代表你的公关代表,有一个很重要的原因,根据我们到目前为止的对话，你已经意识到了这一点：透明度。如果你在做内部公关，你可以看到在游戏的第一个阶段都发生了什么。你可以判断出，什么事做得对，什么事做得不对。你可以把目标直接锁定在你想要合作的媒体渠道，一心一意地关注你渴望得到的市场。一切尽在你的掌控之中。

当你依靠外部公关公司处理你的公关事务时，过程中势必会有很多因素超出你的控制。你不得不相信一切都能做得很好，而且光明正大。记住，公关公司想一直经手你的业务，在某种程度上，追加服务项目、误导你，这些情况都有可能出现。

最后，如果你自己处理你的公关事务，你将得到这些媒体联系人的接纳，并且很容易就能一再跟他们直接接触（只要你有相关的宣传或故事视角）。随着时间的推移，你很可能会得到几位知名记者的手机号，跟他们相处得不错，有时你可以给他们发短信，向他们介绍企业新闻，这非常有用。

最近，一些高等院校陆续开设了公共关系专业。学生们学习的技能将帮助他们去公关公司谋到一个职位，但他们所学到的知识能教他们每个月写六篇新故事吗？大概不能。他们虽然在课堂上学习了这个专业的基础知识，但实际工作经验往往比掌握这些必备技能更有助于把他们培养成为成功的公关人士。

有一位来自地方大学的公关教授曾拜访过1-800-GOT-JUNK? 来考察我们的公关方法。她所看到的一切令她大吃一惊。

事实上，在考察了一段时间之后，她认为我们对公关的理解比书本上深刻得多。她发现我们不是写一篇新闻稿，写完后把它上传到网上，然后时刻关注，再打几个电话，继续构思一个又一个故事。

这就是大家以为应该做的那些事。我们没那么做，但是确实有了效果。

卡梅隆雇用的最好的一名公关人员以前是一家小报的撰稿人，碰巧她天生还是个销售能手。作为一名撰稿人，她可以用自己的语言与记者们交谈，她对他们的需求和愿望感同身受。她了解最后期限的性质，知道应该什么时候跟记者接触。从非公关职位中掌握的许多技能帮助她在公关工作中取得了巨大的成功。

我们花一年的时间教会人们在实际工作中用到的公关知识，很可能比他们在学校或公关公司当学生或学徒期间学到的还要多。公关公司的面纱并没那么神秘，当然也不值得为此付出高昂的费用。像生活中的许多事情一样，公关最好是通过实践来学习。

"

下一步

建立属于你自己的公关团队，可以使你获得你确实想要的信息，瞄准你想要的市场，并以绝对透明的方式监控你的结果。接下来，我们来看看这一切是如何结合在一起的。

CHAPTER THREE
3

精准架构故事视角,直击受众内心

要确定正确的记者人选,进行正确的报道,第一步是对你的受众要有一个具体详细的了解。你要知道你的受众是谁,他们喜欢从哪些媒体获取信息。

受众访问的媒体渠道

你可能已经从销售的角度对你的受众进行了市场调查。你知道在向谁销售,为什么向他们销售,你的产品对他们的生活能产生什么积极影响。这些信息也是你制定公关策略的基础。你需要用已经掌握的目标市场的信息推算出你的受众会访问哪些媒体渠道。这样,你就有可能同时判断出哪些媒体渠道会向你的目标受众提供信息。

比如说,你为喜欢户外运动的人设计了一款新夹克衫。从考虑你自己的社交圈开始,你知道谁符合这个原型吗?找出这些人,和他们谈谈,问问他们平时都浏览哪些博客,订阅哪些频道,在社交媒体上都关注哪些媒体,这将给你一个很好的起点。

你可能会惊讶地发现，同一领域的媒体，也就是说涵盖同一话题的媒体各不相同。例如，我们来看一些涉及商业的媒体，包括《华尔街日报》《今日美国》《纽约时报》《福布斯》《财富》《企业家》《成功》TechCrunch等。虽然这些渠道涵盖了广泛的商业话题，但它们都是从不同的角度进行报道的，而且他们的读者类型也略有不同。

《华尔街日报》关注的是数据、金融和增长。他们要问的是一些尖锐的问题，想得到关于你们公司的实际业务情况、数字和数据等具体信息。TechCrunch则完全是独家新闻，他们想要了解的是风险投资、创始人、新产品等信息。《福布斯》则是以读者为中心，他们不关心你要投放哪些产品，而是关心你是如何做到的，以及如何用你的产品帮助广大读者。他们只做交易贴士，不卖新闻，这和商业播客《我是如何构建的》有几分相似，都想了解创始人的故事。另外他们还想知道企业家们是如何"屠龙"的，以及企业家们在这个过程中都学到了什么。你可以看到，所有这些媒体在广泛的商业主题下，都瞄准了特定的读者群体。

其实，每家媒体渠道都设有一些关注不同话题的版块。例如，《华尔街日报》设有市场版块，另一个版块负责销售和市场营销，还有一个版块关注金融。

所有这些都意味着你需要研究和了解具体的内容，不仅要了解每个媒体，还要了解你可能接触到的媒体的每个版块。这样你就能精确地锁定你的目标受众最有可能接触哪些新闻来源。

例如，我想接触一些企业家，我的公关活动不应该以《今日美国》为目标，因为那不是他们的主要受众。相反，我应该征求《成功》《企业家》《福布斯》《财富》等媒体记者的意见。这些都是我的目标受众比较喜欢读的刊物。

同样，我不会向《成功》《企业家》《财富》等刊物介绍关于石油和天然气行业营销策略方面的故事，这些刊物的读者并不关心这些内容，他们想要深入了解的是硅谷的情况、风险资本的最新动态以及最新的创新型初创企业。既然这些刊物寻求的是这些类型的故事，那就意味着那些代表杂志发表文章的记者要寻找的也是关于这些题材的投稿。

一旦你了解了你的潜在客户都在哪些媒体来源上花时间，你就应该考虑在哪些媒体来源上制造新闻。即使那是一家较小的媒体，你也将得到最有效的关注。例如，你在《纽约时报》上发表了一篇文章，但你的目标受众并不看《纽约时报》，而《纽约时报》绝大多数读者也并不关心你卖的是什么产品，那么这篇文章的投放效果就不如在一个目标受众普遍关注的二级媒体资源上来得好。

之前，卡梅隆的朋友乔，希望卡梅隆帮他争取一次在畅销书作家蒂姆·费里斯的博客做专访的机会。卡梅隆回答说："但是您都不看他的博客，不听他的播客。"当卡梅隆问乔，蒂姆的哪些博客最能激发他的灵感，并成为他想要讨论的话题的范例时，乔沉默了。

乔只是想找一个有远见的思想领袖来谈论他，帮他增加热度。这是很多人都会犯的错误，就像阿德里安提供咨询的很多家公司的创始人都想进入TechCrunch。如果你想接触硬核技术创始人和风险资本家，那么毫无疑问，*TechCrunch*是一个伟大的媒体渠道。但那里的读者并不是大多数创始人需要接触的受众——因为他们自己就是这样的受众。这是一个容易犯的常见错误。你喜欢某个媒体渠道并不等于你的目标受众也喜欢。

有些人不愿意通过基础性的工作来了解受众是经由他们喜欢的媒体来获取信息的，要知道这是一项必不可少的基础工作，是一条必经之路，没有这一步，你就不可能知道怎么构思正确的故事，也不知道如何接近合适的记者。

当你跟记者交流的时候，要确保有一个可以自我推销的故事情节。像推销产品那样宣传一个故事是很有帮助的。如果要向客户销售一种产品或服务，你就应该考虑你的客户有什么需求，他们将如何使用你的产品或服务，然后你再构建该产品以满足客户所需要的规格。投稿也是一样，你需要按照使用者的要求来构建故事。在这种情况下，使用者指的是阅读、观看或收听故事的人。

我们在这里讨论的是潜在客户对什么感兴趣，然后提供故事。如果你不能告诉记者，为什么他们的观众会关心你的故事，那就是你还没有做好准备工作。

故事视角概述

故事视角是你对自己的产品或服务进行的描述，使故事变得更有趣，更吸引眼球。这是你故事的看点，必须特别有趣，既要让受众有兴趣欣赏它，又要让记者想发表它。例如，去找一名记者，说："我下周要推出一套应用程序，我想让您就这件事写一篇报道。"这是不够的，这个视角只对你自己起作用，这只是在推广，你要用对别人有意义的背景来包装这件事。例如，你需要解释该应用程序如何让读者们活得更轻松，或者如何将该应用程序与一部分人所面临的难题联系起来。

然而，一个视角还不够。对不同的媒体渠道你需要使用不同的视角，不同的故事。在做这件事的时候，一定要设身处地为特定媒体的受众着想，必须深入了解受众都关心什么，是什么使他们把时间和精力（也许还有金钱）都投入到读文章，听播客或者看电视上的。

随着时间的推移，你会找到最适合自己的一套工作流程。一般来说，我们会在一两个月内向几位记者介绍一个故事的视角，然后转到另一个视角。此外，我们还经常同时拥有多个视角，这样我们就能迎合各种类型的记者、媒体、读者群体的兴趣。

一个好的故事视角既可以吸引记者的注意力，也可以吸引受众的眼球，让你脱颖而出，并及时提供新鲜、有趣的信息。这种信息对某些受众特别有吸引力。总之，一个好的视角可以回答这些问题：是什么？谁在乎？为什么？

把握好你的故事视角是吸引媒体兴趣的一个最重要的因素。

当你集思广益寻求有用的视角时，千万要把你的目标受众牢记在心里。这对他们有没有吸引力？值不值得他们去关注？

你选择的故事视角提供了一个观点，它设定了参数。从本质上讲，故事视角是文字数学角度的比喻版本。例如，90°角是垂直于地板与墙壁之间的交点，而180°角，就好像你刚刚推倒了那堵墙。地板上的所有东西都在那个角度的参数范围内，它非常开放，不受到狭隘的束缚。同样，一个故事的视角也会限制你的宣传范围，它定义了故事的形状，并为你提供的信息设置了语境。你的视角可宽可窄，重要的是你要了解你的故事范围，并在时机成熟时准确地将其传达给记者。

一旦你了解了媒体是如何使用这些视角来报道新闻的，你就会发现它们无处不在。你将开始用两组视角来处理信息，一组是用来关注材料的内容，另一组是用来关注环境的内容。换句话说，你开始思考要交流的内容，同时也要思考为什么这样。

你创立的视角将成为记者将其打包成最终形式的原始素材，无论是一篇文章、一篇博客、一段视频、一段播客，还是其他内容。回想一下为记者创造产品的想法，你的视角相当于一个销售人员仅专注于一小部分产品，而不是一整个产品名录。有限的范围可以使你深入了解每一种产品，而不是对诸多产品的肤浅认识。

在你能创建有效的视角之前，你必须清楚地知道，是什么使你的企业在行业中独树一帜。这就是你独特的价值主张。在某种程度上，将你与其他企业区别开来的，是你的受众出于关注，主动追求产品，而不是出于无奈被动地接受产品。这是构建文章框架的一个重要考虑因素。

四个故事类别

总的来说,商业故事可分如下四类。

1. 公告

公告之所以有效,是因为它们本身具有新闻价值,也很新奇。例如,当苹果宣布一款新产品问世时,全世界都在倾听。

我们可能并不都关注苹果,但是公告仍然具有新闻价值,它可能是一款新产品,一种新的合作关系,也可能是一名新员工。公告是在吊人家胃口,因为你是唯一知道这个故事的人,这意味着你可以就事件的最新发展向记者提供独家新闻。对规模较小的企业来说,公告通常可以在当地或行业媒体中起到最好的效果。

当你要树立声望，并发表更多的故事时，那些曾经报道过你的媒体也会对你的公告感兴趣。

2. 万能故事

我们在前一章探讨过，媒体喜欢在手头保留一些经久不衰的素材。这些素材对你来说是个很好的类别，你可以发挥创造力，构建自己的万能故事。任何公司都可以提出一个万能的故事视角，不仅如此，这些素材在一年当中任何时候都可以拿出来用。

一些万能故事的好例子有"我是如何做到的"，展示你的办公室或公司，分享故事背后的故事，甚至是一些离奇的首席执行官仪式。这些故事很有趣，是分享公司文化或故事的好方法。

3. 应季故事

在光谱的另一端，我们有季节性的故事，这些故事都和返校、新年、立春等特定活动或假期有直接关系。你可以变得更有创意，把它们和那些人人都喜欢在社交媒体上加标签的模糊的国家假日联系起来。此外，你还可以创立一个根本不存在的日子。比如，你销售的是宠物食品，你可以指定一个狗狗节或猫咪节。

应季故事最大的好处是你可以一年年循环使用。例如，

CanvasPop喜欢每年4月1日发布一个公告,甚至可能会加入一些突击营销(这一问题稍后我们将详细讨论)。

4. 噱头与活动

噱头与活动最大的好处在于它们完全在你的掌控之下,不需要花很多钱(我们将在第九章深入讨论这些问题)。

或者,你把目标设定在超出你们公司规模的、更大型的活动上。比如,你要去参加SXSW(西南偏南音乐节)或CES(国际消费电子展),想利用媒体发表声明。你必须确保你的声明对听众来说确实很新颖、有趣,这样你的声明才能在众多的噪音中脱颖而出。

表3-1 商业新闻的四种故事类别

公告	万能故事	应季故事	噱头与活动
奖项	公司文化	创建你的节日	大噱头
融资	投稿	重大节假日	名人与产品置入
主要雇员	客户成功	季节性故事	疯狂的产品
主要合作伙伴关系	"我是如何做到的"	/	弹出窗口
里程碑	信息图形	/	贸易展览
新产品	办公室参观	/	你自己的奖项或证明
/	产品评论	/	/

五个故事视角

在构建故事视角时,你可以把注意力集中在五个核心故事视角或原型中的一个上。这些视角或原型几乎适用于所有企业和部门。你可并不局限于这五个故事视角,但它们提供了一个很好的框架。当你开始实施内部公关计划时,它们会非常有用。

1. 克服逆境

这个视角给你带来了灵感和背景故事,让读者们放心,在他们身处绝境时能看到一线光明。它讲述了你们公司在谈判过程中遇到的障碍,以及你的领导如何让团队在困难时期团结一致。它预示着一切都是那么一帆风顺，你们公司所经历的大风大浪都已经成为过去。

这个故事视角可能有一个子集是起源故事，它回顾了企业是如何开始以及为什么开始的历史。以此为视角的文章，就特别适合投递给《成功》杂志。

2. 文化

文化视角描述了你们公司的独特之处，使其与竞争对手区别开来，并与目标客户群体对接，进而展示公司产品与服务对该群体的价值。文化故事非常适合像 *Fast Company*（美国最具影响力的商业杂志之一）、The Muse（美国一家求职网站）这样的喜欢把文化与企业相融合的媒体。

3. 客户认可

本视角允许你演示你的产品或服务是如何使广大消费者受益，如何帮助他们克服各种困难并取得成功的。它还能起协同作用，特别是当你可以举出一个令人尊敬的客户认可你们品牌的例子时。

这一视角与其他视角有所不同，因为一家可信的媒体很可能会要求跟你的客户直接沟通。如果你是一家正在打基础的初创企业，这个视角从逻辑上讲恐怕难以实现。另外，如果你为了保守商业机密，对你的客户信息保密，不给潜在的竞争对手以可乘之机，那么可能其他四个视角更合适。

这种视角适合任何类型的媒体，只要你将其定位为能够直接吸引该媒体的受众即可。

4. 利用技术

这种类型的故事视角论证了你们公司是如何利用技术发展壮大，比竞争对手更有效率的。善于使用现代技术的企业会给人一种思想前卫的印象。这种视角非常适合 *TechCrunch*、*TrendHunter.com.*（一家综合时尚资讯网站）等以技术为主的媒体和网站。

5. 未来

你们公司描绘了一幅鼓舞人心的发展蓝图，它可能包括生动的视觉和目光远大的目标。在此，你可以结合你的原始故事绘制一个时间表，展示你的公司从哪里起步，今天处于什么阶段，明天又会达成什么样的目标。

《连线》(美国著名的网络电子类杂志)、《快递公司》等杂志非常适合这类故事,你要找到这样的媒体。它关注的是事物的发展方向,而不是它们的现状或过去。

创建你的故事视角

在为你的故事视角集思广益时,千万要记住,你不是在写真实的故事,而是把它包装起来,这样记者就可以把他们的印记印在上面,塑造成最终的产品。你的任务是提供要点、亮点、关键问题以及故事的骨架,记者负责往里填内容。你只要把受众和写作目的记在心里,那么在这个范围内就有创意空间,比如,为记者草拟标题就是一种方法,以吸引他们的读者。

之前,我们提到过阿德里安的公司DNA11曾出现在《犯罪现场调查:纽约》的一集中。作为该剧的粉丝,阿德里安知道《犯罪现场调查:纽约》这部剧的观众和编剧都可能会对该产品感兴趣,所以他走了一步险棋,向制片人安东尼·祖克写了一封信,并赠送给他一幅DNA画像。在此过程中,阿德里安将产品作为一种技术利用的方式引起了祖克的注意。最终，祖克围绕DNA11写了足足一集电视剧。

1. 让你的视角与主题相关

除了考虑受众外，你还要考虑当前的环境，明确哪些话题是当前的热门话题，哪些内容对你的受众和记者最有吸引力。

我们是BuzzSumo、谷歌趋势、SEMRush等趋势分析工具的大粉丝。这些分析工具提供了关于关键词和搜索量的信息，这样可以看见在指定时间点有多少人在搜索特定的术语。

还有一个例子，如果你正在发布一个苹果的应用程序，并与苹果刚刚添加的一个很酷的新功能兼容，那么发布这一新闻就可以成倍地增加你在新iOS发布前后获得全面报道的机会。

相关性不仅会给你的业务带来关注，还会对你发布的媒体渠道产生更多的流量。记者们很欣赏这一点，你成功投稿的概率将大大增加。

2. 为不同的媒体提炼不同的视角

还要记住，这不是一件一劳永逸的事。你的目标不是要有一个非凡的故事，而是需要有几个好的团队齐心协力为你的公司创造动力。你越沉迷于完美的故事,就越不可能意识到这一点。

你最好的策略是在某一段时间内以各种不同的关键点专注于一个视角,然后,根据媒体和读者群的不同,以各种方式提出某一观点,从而创作各种潜在的故事。如果你们公司进行了一轮融资,你可以发布公告,并在公告中提到公司产品。你可以从未来的角度讲述同样的故事,阐述这次融资将要促进什么,以及如何将受众带入未来。另外,还可以从克服逆境的视角出发,通过解释你如何克服障碍才达到这一点,来引发受众的共鸣。你要讲述的每一个素材都应该有一个起主导作用的视角,而这个视角在从一个素材转化到下一个素材时经常会发生变化。

每个视角都有可能被多次使用,公关人员可以向不同媒体和市场介绍这些视角。考虑到每个市场的媒体数量,你可以从这五个简单的视角得到很多好处。

一个单一的故事视角可以通过各种平台在全国不同的媒体上转载。记住,记者写的是纪实报道,因此相同的视角最终会在不同的媒体上呈现出不同的故事。你可以在几座城市发表同一篇关于你们公司文化的故事,或者你可以让这篇故事出现在排名前50位的商业杂志上,又或者你可能会让排名前50位的博主、播客进行全面报道。

譬如你提出了一个克服逆境的故事视角,50家当地媒体和商业媒体争相进行报道。假设你已经看到销量或关注度稳中有升,那么你完全可以确认你的受众其实经常关注这些媒体。了解了这些，你就可以充分利用故事视角的力量，接近那些相同的报纸，让不同的记者就不同的区块进行撰写。结果！你又获得了50多个媒体点击。但你还没完成，接下来，你可以从客户认可的角度出发，将其介绍给相同的媒体，同样也可以介绍给为不同部门撰稿的不同记者。你抓住了问题的关键所在，只需要按五个视角进行宣传，就可以轻松地创造出至少两年的公关价值。

小贴士：发展你的公关部门

选拔一个人作为公司的内部公关人员吧！一旦让他就位，他就需要深入了解公司的文化、产品、服务以及发展史（如果是从公司内部选拔公关人员，那么这一步骤将会轻松许多）。在接下来的12个月内，你们将齐心协力从这5个视角出发，共同打造富有价值的公关故事。

接下来，此人将与销售团队、营销团队打交道，了解这些部门次年的工作重点，以及公关推广如何加大销售和营销力度，从而帮助他们实现目标。之后，公关人员就要列出一份目标渠道清单，之后的一年内都要重点关注这些渠道。

在接下来的几年里，你把你的公关团队从一个人扩充到两个人、三个人,甚至四个人的时候,你需要让他们与首席执行官、市场和销售团队保持密切的关系。公关团队需要像这些部门一样充满活力、激情、专注。他们需要知道自己工作的重要性,以及如何以积极的方式推动公司发展。

视角如何帮助你实施战略

卡梅隆在多伦多有个客户要建立一种企业文化，将自己的企业打造成顶级雇主。他希望有潜质的人才能将该公司视为多伦多最令人向往的科技公司之一。有了这个目标，无论媒体渠道或故事视角如何，他总是在自己的素材中注入企业文化的视角，因为他知道自己谈论的企业文化越多，这家企业就越容易吸引尖人才。

这是公司有效地运用公关推进并实施其战略的典型案例。就像你使用公司的其他部门来帮助确定目标媒体一样，你还需要依靠他们来帮助创建公关视角，以支持公司的中期战略。想想公司在未来的两三年内要实现什么样的目标，并将其融入你的视角。换句话说，要从你的目标开始。

要有效地做到这一点，你需要关注下列问题：

- 公司将何去何从?
- 你打算如何实现你的目标?
- 你应当把注意力放在哪些地方?

你一旦对公司的发展目标与方向有了明确的认识,就可以创建支持这些计划的故事视角。现在,了解了这些知识,你就可以从自己创建的视角中选择最合理的,从而逐步实现自己的目标。假设你们公司的目标是促进发展,你不妨问问自己:

- 哪些故事最有助于招募新员工?
- 哪些故事能让公司成为一个很好的工作场所,或者能吸引高级人才?
- 哪些故事能帮助留住更多的员工?
- 哪些故事能带来更多的忠诚用户?

有了这些答案,你也可以从受众的角度来讲述故事。这正是一个很好的来挖掘一个最大资源的机会:现有的和潜在的客户。这一次,你需要收集关于他们阅读的故事类型、兴趣及其他细节的数据,帮助调整你的视角。

例如,你可能了解到你的客户对具有社会意识的品牌很感兴趣。了解了这一点,你就可以提炼视角,聚焦在公司是如何在附近社区从事志愿者工作,或者谈论公司的慈善活动和合作伙伴关系,这两种方法都能吸引目标客户。

没有记者会跟踪你一个多星期,深入调查你在做什么,实际上记者并不关心你在做什么。你的工作是向记者展示一个引人注目的故事构思，描绘出你想要呈现的形象，同时在这个过程中通过直接跟记者的受众对话，让记者的工作变得更轻松。

"

下一步

既然你已经了解了你的受众，那么下一步就是要找到了解受众、与受众一样关注某些话题的记者。公共关系专家们知道做这些事的秘籍，我们将和你一起分享。

CHAPTER FOUR

4

创建媒体列表

当你开始从事公共关系工作时,你需要花时间找出那些适合你的节奏的记者,并在客户经常光顾的媒体中锁定你的受众。你需要编制一份媒体列表,包括媒体渠道目录及联系信息,并在了解新的媒体渠道、建立新的关系后,对媒体列表进行实时更新。这样,由于你确切地知道应该直接向哪位记者投稿,所以你基本上可以立即选定一个故事视角采取行动了。

媒体渠道要匹配受众与品牌定位

做公关最忌讳的事情就是随机选择媒体进行宣传。谈到公关，策略是关键。你的公关工作应该和销售与市场营销工作朝着完全相同的方向发展（这也是为什么内部公关工作更有意义、更有效的原因之一）。当你将销售和营销策略与公共关系策略相结合时，可以以多种方式锁定同一个客户。这样会给你最想联系的人留下更深刻、更好的印象。

这项工作可以从寻求以下问题的答案开始：

· 你的客户平时都看哪些行业刊物？

· 哪些媒体渠道能给你带来最大、最直接的效益？

· 哪些媒体渠道能让你最大限度地展示自己的产品、服务或文化？

你没有必要，也不应该在泡沫中做这项工作。跟销售人员、营销人员谈谈这件事，跟你们公司的创始人、首席执行官谈谈这件事，跟各个岗位的员工谈谈这件事。

同样，你还应该自由地挖掘属于自己的巨大资源：客户和准客户。不要胡乱猜测，直接从中了解他们喜欢的媒体来源。

如果你有机会与客户面对面或在电话里交谈，那就要提出这个问题。你还可以发送一份调查问卷。SurveyMonkey（美国一家在线调查服务公司）、谷歌表单和我们最喜欢的Typeform（在线问卷调查平台）都允许你创建简单的问卷并发送给客户，询问他们都阅读或关注哪些媒体机构。如果你要对20来个小组进行问卷调查，则需要使用谷歌表单。对于较大的小组，用SurveyMonkey比较适合，因为你可以进行交叉汇总，而不用创建许多单独的条目。

调查问卷中的题型包括开放式问题和选择题。使用开放式问题时，你不需要对客户的媒体来源设定范围。如果想在设定好的选择范围内确定答案，则需要使用选择题，比如要在几个媒体渠道中确定客户的首选渠道。

除了找出客户的新闻来源外，你还需要获得一些参加问卷调查的人的具体信息。这将帮助你缩小目标范围，并优化你的目标受众。正如我们已经探讨过的那样，了解你的受众有助于进一步定义和缩小你要投稿的记者的范围，至少应该包括了解性别和年龄范围，以便能够更精准地帮助你提炼自己的素材。

一旦掌握了这些信息，就要坐下来好好分析分析，在媒体渠道或特定渠道方面，你看到了哪些相似之处？这就是你要开始关注媒体工作的地方。

锁定正确的媒体渠道

你除了要把主要精力放在销售和市场营销上,通过对客户进行调查确定媒体渠道外,还需要进行一些看起来有些过时的研究。媒体渠道有很多,它们各有各的特色,你要在众多的媒体渠道中找到那个能为你的故事视角提供最佳平台的合作者。

虽然并不是一成不变的,但表4-1列出了你可以随意使用的主要媒体渠道,以及它们有可能发挥最大作用的领域。

表4-1 常用媒体渠道列表

媒体渠道	适合方向	
杂志（及其网站），如GQ、Cosmopolitan、《人民》《连线》《福布斯》《财富》	普通杂志 ·附件 ·消费产品 ·时尚 ·礼品 ·链接汁 ·社会认同	商业杂志 ·B2B ·商务应用 ·咨询顾问 ·软件即服务（SaaS） ·软件
报纸（及其网站），如《芝加哥论坛报》《洛杉矶时报》《纽约时报》《华尔街商业日报》	·树立信誉 ·高链接权威 ·目标锁定婴儿潮一代	
网址及其主流博客，如Brit+Co、《全球之声》《PC杂志》Refinery 29 Techcrunch及《边缘》	·高贯穿性（由于需要大量的新鲜内容，所以更有保障） ·链接汁 ·精准流量	
Niche网站、博客及行业期刊，如《印刷周刊》《综艺》	·专注非常有限的受众 ·规模小但热情洋溢的社区 ·特定行业 ·精准流量	
电视节目，如《早安美国》《今日》及地方新闻节目	·展示自己的价值 ·推动销售 ·社会认同 ·视频财产	
评论平台，如Appadvice、《消费者报道》《PC杂志》、Techcrunch、《汤姆的名单》	·推动销售与合格的流量	

(续表)

媒体渠道	适合方向
播客，如"我是如何做到的"	·接触参与的小众受众 ·口碑
当地媒体，如商业期刊、城市级报刊、当地电视广播	·社区参与 ·公司士气 ·雇用 ·当地商业
有影响力的人，如金·卡戴珊	·提高意识 ·利基产品 ·销售

识别合适媒体渠道的技巧

想要识别合适的媒体渠道,除了通过上述调查及与业界同人交流外,还有很多其他方法,如下所示。

1. 调查相似者与竞争对手

通过搜索网络,找到公司相似者和竞争对手经常出现的媒体渠道,可以深入了解你的受众常去哪些媒体消费内容。它还会为你带来一条可能让你的投稿更受记者欢迎的通道。

这种研究就像搜索谷歌新闻或BuzzSumo一样简单。BuzzSumo会收取少量的费用,但你可以更方便地输入你的竞争对手或相似者的名字,并找出哪个媒体在写关于他们的文章。不仅如此,你还可以访问提供读者信息的排行榜。通过这个办法,你可以断定目标读者是否正在阅读这些文章,以及媒体正在推动的流量类型。

相似者是同行业企业,和你们公司有很多相似之处,通常这种相似之处体现在文化和受众上。判断哪家企业是相似者,一个很好的测试就是问问自己,你是否愿意与这家公司合作,或者在某些方面效仿这家公司。很可能你永远不想跟竞争对手合作。相反,你的客户会在你和竞争对手之间进行选择。最理想的情况是,相似者还应该是历史上在同行业中获得了大量媒体报道的公司。

假设你是一家化妆品制造商,为特定的千禧一代消费者设计口红系列,Birchbox可能就是相似者,而MAC则是竞争对手,因为你干什么他就干什么,这意味着你的一些目标客户要在你和MAC之间做出选择。

如果一家媒体渠道刚刚对MAC进行了报道,他们可能不准备再写一篇类似的文章。假如你想他们再写一篇,就必须让记者知道你们公司为什么与众不同。比如,你可以这样写:"与MAC化妆品不同,我们每销售一支口红会向慈善机构捐助5美元。"或者,"与MAC不同,我们的产品是纯植物的。"

当涉及基于相似者和竞争对手的营销时,了解该公司所涵盖的细微差别和背景至关重要。换句话说,你不能只找到媒体的热门文章，还得通读一遍。这到底是一篇积极的文章还是一篇消极的文章？也许记者是在投诉那个相似者。在这种情况下，可以通过指出你们公司的不同之处或优势来获得一个开场白。

另外，如果《华尔街日报》刊登了关于MAC利润空间的文章，并不等于他们会对你们公司的新颜色系列感兴趣。这时向《华尔街日报》投稿可能是个错误的选择。这就把我们带到了下一个环节：阅读关于相似者和竞争对手的文章还不够，还需要进一步研究文章后面的记者或专栏。它们的关注点在哪里？它们涉及哪些共同话题？请注意，有些记者专攻评论。不管他们对你们公司多么感兴趣，都不是合适的接触对象。

2. 寻找业务量较大的媒体渠道

关注一家社交媒体网页的人数，通常能让你很好地了解这家媒体的人气，以及它的受众有多少。除了纯粹的数字外，你还需要了解追随者的参与度，比点赞数量更重要的是文章被评论和分享的次数。向流量不大的媒体投稿，并不是在有效地利用你的时间。

刚开始投稿的人似乎普遍认为，他们需要从小型媒体开始，然后从那里开始循序渐进。做公关，一定要摒弃这一观点，而要追求最大、最好的宣传效果。而且，向大型媒体投稿不比向小型媒体投稿花费的时间或精力多。

从你的媒体列表的最上面开始，根据参与度和知名度的高低，一路往下走。即使你以前从未得到过任何媒体的关注，也要充满信心地投稿。你唯一需要做的就是跟其他人在一个公平的竞争环境中，从一个有趣的、有凝聚力的故事视角来吸引记者的受众。同样的经验法则适用于各个媒体。

3. 网站与主流博客

当你想接触高度有针对性的受众时，网站和博客是很好的可供探索的渠道。你可以通过浏览一个网站或博客来了解其流量或权威性，我们更喜欢用SimilarWeb，这是一个网络流量分析工具，可以提供站点接收的访问量统计数据。SimilarWeb及其他分析工具将为你提供一个网站流量的近似值以及关于访问者的人口统计信息。同时，当一个网站或博客向你提供免费样本或服务以换取对其受众的推广时，SimilarWeb还是一个确定如何回应的好工具。

4. 有影响力的人

在今天的媒体环境中，你应该把有影响力的人看作是另一个媒体渠道，相当于一个记者。正如比较传统的记者那样，现在，有影响力的人也是那些帮助传播热点话题的人。另外，有影响力的人还把目标锁定在那些朝秦暮楚的人身上，而这部分受众与日俱增。尤其是如果你的业务主要针对"00后"或年岁更小的客户，你就更需要接触有影响力的人。

人们在YouTube、推特、脸书、色拉布（Snapchat）、照片墙、领英（LinkedIn）、B2B上花的时间越来越多。像加里·维纳查克这样在B2B领域很有影响力的人，他的价值对他的粉丝来说，比《华尔街日报》这样的知名刊物还重要。谈到生活时尚，人们更相信自己喜欢的代言人、演员或音乐家，而不是像*Vogue*、这样的杂志。

这并不是说新闻业已经日薄西山，而是社交媒体代表了一种必须被利用的、新的、至关重要的媒体流。既然有影响力的人关注市场空隙，那么他们也更会让你直接面对数百名已经做好准备并愿意采取行动的目标客户。

对接有影响力的人的另一大好处是，他们中的绝大多数是一个人运营，而且近在咫尺。他们非常容易接近，对合作伙伴和新产品推介非常开放。毕竟，这就是他们的意义所在。

5. 行业期刊

在寻求媒体渠道的过程中，行业期刊往往被人们忽略。的确，这些期刊不像《财富》《福布斯》那么知名，但它们比很多主流媒体更有效，同时还可以成为非常有价值的工具，尤其是如果你是一家B2B公司，目标是一个特定行业或垂直领域。

大型商业媒体的受众往往非常广泛，而行业期刊吸引的则是那些对某个行业非常感兴趣并沉浸其中的读者。换句话说，他们就是你的目标受众。

如果你选定了合适的行业期刊，读者百分之百都是潜在的客户，还有哪些其他媒体能提供这样有针对性的曝光呢？答案是没有。错过行业期刊，你就等于和一个完全没有开发且有利可图的潜在市场擦肩而过。

由于读者性质和范围更加明确，行业期刊是唯一能让你深入了解你的产品或服务的详细情况的媒体渠道。

这是一个绝佳的机会，你可以从头到尾讲述你的故事，并让你的目标受众读到它的全部内容！

行业期刊也像其他媒体一样，都在寻找内容，而且，它们和主流媒体不同，经常被人们忽视。

所以，你不用面对像其他媒体那样激烈的竞争。这一切都意味着行业期刊的客户对你更有价值，你对他们也更有价值。

小贴士：把评论当作媒体渠道来使用

阿德里安有个法宝，就是把评论当作媒体渠道来使用。这对任何为市场上已经存在的产品创造商机的人来说都非常有效。

首先搜索类别的名称加上"评论"或"最佳"字样。例如，如果你已经创建了费用跟踪应用程序，那么你可以在谷歌上搜"最好的费用跟踪应用程序"。

你可以拉出一个费用跟踪应用程序的评论列表，这表明你的客户在市场上购买你的产品时都看到了什么，要去哪儿。当人们对某一产品感兴趣并准备下手时，就会去查阅它——换句话说，评论的人是你最有价值的潜在客户。

把任何直接竞争对手的博客链接都扔到一边，寻找那些值得关注的评论网站，比如PC Magazine（美国著名的IT杂志）。

看看谁把评论或产品清单放在一起，然后联系那个记者。参考你看到的评论，并解释一下你的产品的优势或不同之处。在这种情况下，关键是要把你的独特优势充分展现出来。

由于评论是数字化的,记者就可以随时进去并更新评论,这样关于你的产品的内容就会出现在同类产品的顶部。

创建并优化媒体列表

1. 你要把谁放入列表里

你要在你的列表里加上一些编辑和记者,这就是我们说的从上到下的方法。

由于现在很多媒体过于依赖自由撰稿人,因此确定几个部门编辑非常重要。这些编辑负责通读投稿,选择几个对他们媒体有用的稿件,并分配给自由记者。这些编辑代表自上而下方法的"顶部"。你还需要锁定几个特定的内部记者。这些记者代表自上而下方法中的"下",因为他们是在编辑手下工作。每家媒体都拥有记者或撰稿人负责撰写不同题材的文章。在某些情况下,《财富》杂志可能会有5名撰稿人报道商业动态。在这种情况下，记者通常在比较广泛的主题中有自己的专业知识或兴趣。因此，在《财富》杂志，5名撰稿人当中可能有两个人专门负责创业领域，两个人负责报道最新的营销趋势，另一个人负责报道金融行业。这意味着仅是把稿件投到合适的部门还不够，你还需要尽量了解目标记者的具体情况。

小贴士：解放自己

除了联系记者外，你还可以订阅HARO服务。当记者有疑问或者在寻找特定的信息来源时，HARO就会提醒你。你可以将自己的投稿发送过去，以响应记者的需求。

2. 创建你的媒体列表

你需要有一个专门用来向记者、编辑投稿的邮箱，"一勺烩"的部门邮件很可能会被束之高阁，连看都不看。做这件事，你有3种方法可采用，这取决于你打算花多少钱。

得到媒体的联系方式时，你需要编制媒体列表。这和打开一个电子表格一样容易：根据记者涉猎的故事的类型（例如金融、投资、贸易等）进行分类，记录媒体机构、记者姓名及联系方式。

把你的媒体列表保存在一套客户关系管理（CRM）软件系

统里,这样你就可以做得更专业。一套好的CRM不仅可以让你记录媒体信息,还能根据目标、联系人、感兴趣和潜在客户等档案对信息进行分类。

这个列表将成为你的资源,只要公关工作还在继续,就可以反复使用。根据你的预算和时间来考虑,以下是构建这个列表的3种方法。

(1)入行版:DIY

创建DIY媒体列表有两种方法。

一是逆向媒体搜索。按照这个方法,用谷歌新闻搜索提及你的相似者及竞争对手的文章。点击每一篇文章,看看是否相关。如果相关的话,就可以简单地确定记者的身份。通常,只需点击记者的姓名即可得到他们的联系方式。如果不是这样,可以使用推特、领英等现成的来源获取他们的联系方式。

如果你已经知道要联系哪些媒体,那就可以采取第二种方法,即直接去找他们,在他们的网站上搜索相似者和竞争对手的信息,这样可以让你直接见到想联系的记者。那些想知道你的信息、对你要说的话感兴趣的人,同样也能得到很多机会。

除了免费之外,我们真正喜欢这两种方法的地方在于,通过阅读这些文章,当你与记者联系时,就可以有机地提供一些特别的引用或关联。对你的目标记者而言,熟悉他们的工作对你好处多多。

（2）中等版：媒体数据库

如果你愿意为了节省一些研究时间而花一点儿钱，那么你可以利用媒体数据库（订阅服务）来获取记者信息。它会为你提供一个记者数据库，通常相当全面。这样可以省不少事，不必把很多时间花在浏览文章上，而且，数据库还会把你引向要寻找的最适合的记者。

像这样的记者数据库服务通常平均每个月花费在500美元左右，也有比较实惠的，一年只需花1000美元。值得推荐的另一个订阅服务是领英Pro。领英Pro让你可以直接跟你的联系人发邮件，这是一种既简单又有效的方式。

（3）精英版：外包

如果你追求效率，又有足够的预算，那么你可以把创建列表的事外包给第三方。这些更精细的服务价格差别较大。然而，通过一些研究，你说不定能找到一位公关或媒体顾问，他们将以略低于或大体接近于订阅记者数据库的价格来构建此列表。

3. 优化你的媒体列表

创建媒体列表之后，你还需要整理优化列表，对媒体列表进行分段，以便投稿时用。你需要对报道过直接竞争对手的记者或媒体渠道，报道过相似公司的记者或媒体机构，以及报道你所在行业的记者或媒体机构,进行更详细的区分。

在每个条目的旁边,记下记者的姓名、他们任职的媒体公司、联系方式,以及你发现的任何有用的信息,例如相关文章,共同的熟人,今后的话题以及其他可以将你们联系到一起的东西。

下一步

在完成功课,创建了涵盖适合的媒体渠道、部门及记者的媒体列表后,你就该投稿了。

CHAPTER FIVE

5

创作高质量的新闻稿

现在,你已经掌握了所需的关于受众、故事和记者的具体情况,具备了你需要的参数。把这些要素都记在心里,因为你要把它们归纳成一个有机的产品:新闻稿。

新闻稿及其构成要素

在我们开始筹划如何更好地接近媒体看门人之前,我们需要集中精力创建一个清晰、简洁、有说服力的新闻稿。虽然记者对你来说确实很容易接近,但在特定的日子里,没有几百人也得有好几十人试图引起他们的关注,这也是事实。我们会在后面几页里探讨使你出类拔萃的不同战略。首先,也是重中之重的,就是你的新闻稿。

不管你是处理过大量的新闻稿,还是一篇也没处理过,你都可能会把它们当作是最终阶段的产品。通常,人们把新闻稿当作是跨越终点线的"欢呼"。大多数人认为,"我们已经开启了自己的产品或服务,所以最后一步才是写新闻稿。"

亚马逊的创始人、首席执行官杰弗·贝索斯强烈反对这种观点。亚马逊要求产品经理第一步就写新闻稿。所以在商业计划书、案例分析、第一行代码、实物模型完成之前,亚马逊都是先发布新闻稿。创意过程的第一步也是发布新闻稿,每一次都是这样。

首先,这听起来有些反常,但是,亚马逊处理新闻稿的方式,实质上是一种逆向驱动。大多数人认为新闻稿标志着结束,而贝索斯则认为新闻稿是一种强有力的驱动工具。

小贴士:新闻稿是无用的

常言道:"新闻稿是无用的——新闻稿万岁。"这几乎完全概括了这个年代的新闻稿。

在互联网腾飞之前,新闻稿跟现在相比迥然不同。公司通过新闻稿发布新闻,然后发表在所谓的"网"上。每一天,那些上网的编辑、记者都会参考这些新闻稿,把它们当作猎取新闻的一个至关重要的环节。

当时,审查程序比较多,不是谁都能发表新闻稿并刊登在网上,这是个障碍。如今,由于有了互联网,谁都可以在网上获取新闻稿。这就意味着有大量的"垃圾"新闻会出现,所以新闻稿没有达到目的,也没有起到应有的作用。当付费新闻网站很受欢迎时,它们一时间主导了谷歌搜索的结果。一旦谷歌意识到了这一点，他们就会改变自己的算法，使新闻稿深深地埋在搜索结果当中。

尽管如此，新闻稿仍然非常重要，撰写新闻稿可以帮你搞清楚你们公司的有趣之处和相关之处在哪儿。在这种情况下，"相关"指的是你们公司的趋势和与媒体的关系，或者，它可能会显示出你的新闻稿与当前的趋势相比有何特色。在向记者投稿之前，你必须先搞清楚这一点。你要是写不出一篇有趣的新闻稿，记者就不会对你感兴趣。

1. 作为愿景文件发布的新闻稿

新闻稿可以让你回答产品的几个关键问题：谁、什么、什么时候、在哪儿、为什么（有时候还有怎么）。由于新闻稿不应该超过一页，这样就迫使你在解释的时候做到格外精确。最后，新闻稿秘诀中非常重要的环节是必须有趣。要是没趣，谁会在意呢？

贝索斯是这么看的：你要是连一篇有趣的新闻稿都写不出来，那么你打算怎么创造出一个有趣的产品？为了创造出能发挥作用的产品或服务，这篇新闻稿还得回答很多需要你深入了解的问题。你需要知道，你的目标是谁，你要解决什么问题，为什么你的解决方案最好。要是这些问题你都答不上来，你可能就不应该在一开始就创造产品。

我们同意贝索斯的质疑，但我们还要补充一点，一篇好的新闻稿还将充当一个强大的可视化工具。对公司内部来说，新闻稿可能在产品或服务问世之前就能使它们展现在受众面前。

2. 创建新闻稿

你的新闻稿应包含7个部分。为了演示每个元素的框架内容，我们将使用名为Lawntastic的一家虚构的公司。Lawntastic是庭院维护界的优步（Uber）。你打开应用程序，选择你的服务，花匠会在一个小时内来到院子里进行美化和维护工作。Lawntastic刚刚发布了一套应用程序，他们需要创建一篇新闻稿并准备投稿。

（1）问题

你将从确定消费者所面临的问题开始发布新闻稿。在这种情况下，问题是人们没有能力定期支付花匠的工资，而他们又没时间自己维护院子。当他们忙得不可开交的时候，就会需要暂时的帮助，而不是一个全职的、反复出现的花匠。

一些产品和服务可以解决不止一个问题，这对发布新闻稿很有好处。在这种情况下，第二个问题是人们经常不知道雇用谁为他们提供园艺服务。通常他们只能靠朋友推荐，而且经常请不到花匠，因为附近这一带超过了那位花匠的服务范围。

（2）解决方案

立即提供解决方案跟踪这一问题，可以用简单的术语来阐述解决方案。

在Lawntastic的例子中，解决方案是，这套新的应用程序让人们修剪草坪和灌木变得像在优步打车一样容易，而且费用实惠，可根据雇主要求来完成。

（3）数据

新闻稿的下一个段落应当包括某种数据。从新闻的角度来看，这很重要，因为它确定了受众和故事的需求。

数据可能会引用一些关于市场规模、增长率、每年在这个环节上的花费，或其他任何有趣的、引人注目的事实的研究。这个类型的数据还可以作为一种可视化工具。

如果你的研究没有表明你有潜力进入一个不断增长或尚未开发的市场，那么你的产品或服务还有什么意义？

（4）引语

一般来说，引语由你们公司的创始人或首席执行官来提供，但事实上，贵公司任何人都可以提供。这句话应该是鼓舞人心的。

Lawntastic首席执行官盖伊·格拉斯说："这个产品已经在我

们的试点受众中彻底改变了草坪护理方式,我们很高兴看到它对美国的改变。"

你还可以有来自客户、合作伙伴或经授权的第三方的第二个引语。如果你正在开发的产品还没有客户或合作伙伴,那么你就可以随时从网上获取引语。

对Lawntastic来说,这可能是引用一个著名家居装修专家或园艺研究员的话,谈论所在行业或相关领域中的按需应用程序的增长。第二个引语将提供额外的可信度。

(5)呼吁采取行动

你的新闻稿将以行动呼吁作为结束。你想让读者们接下来做什么?也许想让他们下载你的应用程序,在这种情况下,你可以写这样一句结束语:"要下载Lawntastic,请访问应用商店。"

(6)摘要

不过,等一下!你还需要在新闻稿上写个摘要来引导整个新闻稿,在完成新闻稿的内容后,写一段简短的文字对它进行总结。

这段文字应该放在新闻稿的最开头部分,介绍一下你是谁,做什么工作,要推什么产品。第一段最重要,因为很多记者除了第一段以外别的不看,你必须仔细斟酌,让第一段特别有价值。

(7)大标题

新闻稿的标题是你要写的最后一个元素。

你的标题必须得让人惊叹不已,因为你比任何人都了解你们公司,公司哪些方面、哪些产品最吸引人,你自己都说不清楚的话,又怎么能指望记者做到这一点呢?

在Lawntastic的例子中,你可能会写道,"Lawntastic正在颠覆价值770亿美元的草坪护理市场"。

要想写出一个好标题,往往需要尝试好几次。我们发现,至少要提出5个备选标题,这样你就有了选择的余地。这个标题有双重用途,因为它还是你的电子邮件的主题。

以下是Lawntastic公司的新闻稿实例,供大家参考。

1. 标题

Lawnstatistic开启全世界第一家随需应变服务,只需轻轻一按,即可提供园艺服务

2. 小标题(可选)

公司通过新的应用程序和市场来颠覆价值770亿美元的草坪护理行业

3. 时间、地点

2019年4月1日，纽约

4. 摘要

Lawntastic宣布推出一个新的项目，允许北美洲任何地方的业主通过应用程序订购草坪护理服务。服务项目包括剪草、通风、施肥、除草、修剪灌木和树木。这款应用程序可以在苹果应用商店获取。

5. 问题

维护草坪又花钱，又费时间，而且还不方便，请花匠结果怎么样很难说。业主们平均每个月至少要花6个小时的时间来维护他们的草坪。尽管美国不缺技术熟练的能提供园艺服务的工人，但他们缺少资金和创业经验，导致供需信息不匹配，业主和花匠总是不能顺畅合作。

6. 解决方案

Lawntastic公司将为寻求弹性工作时间的草坪护理专业人员和寻求低成本、省时省事的草坪维护服务的业主之间架起桥梁。业主可以根据需要或使用每日、每周、每月按时间表自动订购服务。工人们也可以得到全额保险。

7. 数据与市场实际情况

据《草坪》杂志透露，草坪维护仅在美国就有770亿美元的市场价值，而且还在不断增长。预计，零工经济的人数今年将达到2600万人，随着寻求弹性工作和其他收入来源的人越来越多，这一数字还将以每年7%的速率增长。

8. 引语

"我们要推出一项创新方案，在为全美国的熟练工人创造新的收入来源的同时，使业主们生活得更轻松，为此我们感到十分骄傲。"Lawntastic首席执行官说，"我们要让这个在20世纪几乎没什么创新的行业变得更好。"

9. 有影响力的人、客户或合作伙伴引语（可选）

"我们把Lawntastic当作公测项目使用已经3个月了。"来自纽约州斯普林菲尔德的蒙哥马利·伯恩斯说，"我的草坪从来没这么好过，这事根本不用担心，就好像我请了一名全职花匠，而且没花多少钱。"

10. 结束并呼吁采取行动

Lawntastic服务的基本套餐起价仅为29美元。该公司为首批1000名注册用户提供免费评估。想了解更多关于Lawntastic的信息，请登录www.tryLawntastic.com或直接从苹果应用商店下载该应用程序。

11. 样板文件

关于Lawntastic

Lawntastic通过易操作的应用程序为广大用户提供全世界最方便的草坪护理。Lawntastic的使命是使草坪护理变得更快捷、更实惠，就像在优步上打车一样简单。该公司拥有5000多名专业草坪护理人员（还在不断壮大），希望颠覆价值770亿美元的草坪护理行业。了解更多信息，可以从苹果应用商店下载Lawntastic应用程序或登录www.tryLawntastic.com。

常见的新闻稿缺陷

1. 内容无趣

很多人撰写新闻稿总会犯一些致命的错误。这些错误当中第一个,也是最严重的一个,就是没能把新闻稿写得有趣。不管你有多忙,也不能只是检查每一部分就算完事,要花一些时间通盘考虑。想象一下你的竞争对手都在写什么,然后另辟蹊径。

2. 夸大其词

人们经常在新闻稿里夸大其词。你们公司真的比脸书还大吗?你真觉得第一年就能达到10亿美元的销售额吗?记者都是经验老到的专业人士，你要是满嘴空话，过分夸大那些数字和声明，那么你销售什么产品他们都不会感兴趣。

3. 表述不准确

不要忘记用谷歌文档等编辑工具跟你的团队成员、朋友们一起分享你的新闻稿，这样他们就可以发表评论，提一些建议，并以"全新的视角"做一些编辑、校对的工作。

新闻稿一定要投放到网上

在信息大爆炸的时代，网络上充斥着数量庞大的信息。虽然你发布的信息很容易被覆盖——这也是网络发达的一个弊端。但是，你一旦完成了向记者的投稿（更多关于这方面的内容将在下一节中介绍），在文章正式发表之后，我们仍然建议你将新闻稿投放到网上。

如今，网络有一个很有价值的用途，很多人都不知道，那就是网络很像一个"大黑客"。用PR的Web发送的新闻稿会自动渗透到领英等平台，凡是你在新闻稿里提到的人，例如投资商、首席执行官、董事会成员、合作伙伴，都将被自动打上标记并通知他们的追随者。

这将对传播有关你的公司、产品等方面的信息有很大的好处。而且，事实上，完全有可能将关于贵公司的消息传到四面八方。

撰写投稿邮件

假如你要接触20名记者,你用不着写20份不同的稿件,但是你必须根据当前的实际情况来调整你的稿件,这就是分段媒体列表能派上用场的地方(参见第四章)。总的来说,可以把一个类似但不完全相同的邮件发送给不同的记者。显然,在修改标识信息、对上一篇文章的特定引用及其他任何标识信息方面,你都需要格外努力。

你的主线至关重要——记者们的收件箱就像推特的简讯,一天得收好几百封邮件。在写邮件主题时,你可以将新闻稿标题列出。以便让记者们清楚地知道他们能在你的电子邮件中发现什么,它为什么这么引人注目。

我们常用的另一种策略是用询问记者意见的方式来写主题,

例如,"我们想听听您对这件事的看法"或者"我想您大概喜欢这样"。这样读起来比较个性化。

你可以在邮件的开头称呼记者的名字,然后写一句话,让他知道你为什么要跟他联系,并相信你分享的信息会让他感兴趣。例如,"我非常喜欢您最近写的'大多数人很少有时间维护院子'那篇文章。"接下来,解释一下这和你的故事情节有什么关联。在这里,你可以写:"我想您会对一套新的解决方案感兴趣,它能让普通人更轻松地护理草坪。"

如果你是一家公司的创始人、首席执行官、高级主管(或者你要为公司领导起草一篇文章),开头部分你还可以开门见山地说:"嗨!乔!我是全世界第一个随需应变的草坪维护服务应用程序的联合创始人。"这样对你自己做公关也有好处。这样的电子邮件表明,这个创始人思路很活跃,会做出让人欣喜若狂的产品,并投入了足够多的精力,百忙之中抽出时间亲自与记者联系。

从这里开始,你要回答"谁在乎"这个问题,目的是击中要害。参考你的新闻稿,挑出你认为最引人注目、最吸引眼球的信息。例如,你可以这样写:"您知道吗?草坪护理行业价值超过20亿美元。我们的定位是完全改变人们处理草坪的方式。"接下来,你要展示你是多么具有市场吸引力,并能吸引受众。你可以这样写:"自从我们发布以来,我们已经有超过1万名的公测用户。"或者,"我们拥有像金·卡戴珊这样的名人客户。"

接下来,你将有四到五个支持性陈述或要点来传达你的故事视角。你要以非常简捷的方式向记者讲述你的故事。记住,你不是在为记者写故事,而是以主题专家或业内人士的身份让记者了解你对这个故事的看法,以及他们需要了解的终极信息——为什么他们的受众会对这个话题感兴趣。这就像牵着马去饮水这种陈词滥调,归根结底,饮水是马的事,只要你给马找到水,马就有可能饮水。

你还要明确地让记者知道你是否会提供图片配合报道。可能这看起来是一个无关紧要的细节,但一张图片有时候抵得过千言万语。优质图片有助于丰富优秀的故事,所以不用害怕展示你的原创或独家摄影。你不需要在初始的投稿中包含高分辨率图像(甚至链接到它们),如果你有真正非凡的照片要展示,或者你的产品有更好的视觉解释,你可以嵌入(换句话说,复制粘贴)一个低分辨率的图像,这样它就能快速加载。不要附加大分辨率文件,因为要打开并下载这些文件还需要一个额外的步骤,这让大多数记者很反感。

在结束语时,要让记者知道你的投稿具有排他性。例如,"我很乐意让您先睹为快",或者"我们已经收集了其他人都没看到的一些数据"。

结束时,让记者知道怎么和你联系。我们喜欢在手机号码上加上一条注释,说记者可以随时打我们的手机。

最后,以链接到未发布的新闻稿作为结束。我们建议你在向新闻专线正式发布新闻稿之前,先用电子邮件的形式发布新闻稿,以便让记者提前浏览。但是,你的电子邮件要清晰,要特别引人注目,这样记者用不着打开新闻稿(大部分记者也不会打开)就能了解为什么这篇故事值得跟进了。

在按下发送按键之前,通读一遍你的邮件,确保你对下列问题都能回答"是":

·你这样能否有效地传达你想要传达的观点,你有什么与众不同,为什么更胜一筹?

·你投稿的故事视角能否帮助公司达到目的?

·你的投稿是否引人注目,是否与记者的受众有关系,能否让他们回答"是"?

一旦你确信可以明确而热情地对这些问题回答"是",你就可以点击发送了。

下面提供一份为Lawntastic投稿邮件的示例,供大家参考。

新闻故事思路：优步草坪护理

亲爱的约翰·史密斯：

你好！

我刚读过了你几个月前写的文章：简化你的生活的最佳应用程序。我想你和你的读者们也会喜欢我们做的事。

我是名为Lawntastic的获奖应用程序的联合创始人，Lawntastic很像优步，但它是用于草坪护理的。

我想你会对一套新的解决方案感兴趣，它能使草坪护理变得容易，而且普通美国百姓都可以使用。

我们很想让你在我们的应用程序上线前几周先睹为快，让你追踪我们的服务。我想你会喜欢的。

请让我知道你是怎么想的！如果你愿意电话联系，请拨打我的私人电话310-555-0123。

祝你万事如意！

Lawntastic联合创始人

亚当·格林图姆

有时你需要一下子接触好几个记者,例如公司有重大的公告或完成具有实效性的收购时。出现这种情况时,电子邮件发送工具就可以派上用场了。工具允许你单击一次按钮,最多可以发送50封邮件。有很多很好的在线邮件处理系统,我们喜欢用Yesware(营销邮件跟踪工具)做邮件合并。

下一步

如果你一直遵循免费公关策略,大概很快你就可以和记者直接接触。接下来,我们来看看,你的投稿发送出去后,你会有什么样的预期。

CHAPTER SIX

6

与记者合作

  通常情况下,投稿后的主要工作就是跟进。要知道,你是在跟时间紧迫、收件箱经常爆满的人打交道,因此,有必要跟进你的第一封邮件。这是你跟记者接触最多的时候,我们将介绍一些最佳实践内容,以便你能更顺利地执行后续工作。

形成自己的公关风格

我们都非常成功地向所有媒体渠道的顶级记者投过稿。然而,我们的风格各不相同,而且多少还有些冲突。有很多公共关系专家跟我们意见不同,他们也取得了成功。

作为对这一问题的回答,我们决定把两种策略都呈现出来,每一种策略都获得了相当大的媒体关注度。希望你能从中选择到适合你的,并尝试一下你自己的风格。

最后,你必须找出适合自己的策略,让你和记者都感觉舒服。无论你采用什么策略,你都要在通过投稿来吸引记者的注意力和尊重他们的时间及紧迫的截稿日期之间寻求平衡。

阿德里安的公关风格：1-2-3 组合拳

首先，我想跟你分享一些新闻。获得公关效果不容易，它被称为免费媒体是有原因的。5%的概率并不罕见。这意味着你大概得投100篇稿子才能得到5个好的故事位置。要知道你不是唯一一个投稿的人，投稿的人很多。

为了提高被选中的概率，我喜欢采用所谓1-2-3组合拳的方式跟记者联系，通过多种渠道战略性地同他们联系。显然，骚扰记者不但不会给你带来想要的结果，还会让记者觉得你是个讨厌鬼。千万记住，你是在截稿日期到来之前跟忙忙碌碌的人打交道。你要做的是，把记者的注意力转向你的稿件，激发他们的兴趣，这样才管用。

1. 发邮件投稿

恭喜你！你发出了第一封投稿邮件，这个时候你已经完成了1-2-3组合拳中的第一步。你的投稿有个性、简短、环环相扣，而且现在已经进了记者的邮箱，当你跟进时，他们可以用来参考。

2. 推特

大多数记者都非常依赖推特，因为它具有即时性和可访问性。记者们需要保持联系，获得故事创意和来源，而推特正是他们挖掘素材的一条主要渠道。事实上，我跟好几位记者合作过，他们都喜欢通过推特接收稿件。

尽管如此，除非你知道记者有什么偏好，否则还是建议你从发电子邮件开始。推特代表你的第二拳。在出于公关目的发推特之前，先确认你的推特资料是否专业，上面写着你的姓名（或别名），配上一张漂亮的头像，在简介中提到你们公司，并确保这个账户只用于专业交流。如果出于某种原因做不到这一点，你可以从公司的推特账户上直接给记者们发推特。

你要是还没准备好，那就先跟着记者走。最理想的情况就是你能在推特上直接给记者发消息。通常我会在投完稿一小时之内向记者发推特，确保他们对我的投稿还保持着鲜活的印象。发推特的目的是争取回复，虽然不一定每次都能收到回复，但也要做好准备，一旦有机会就要把握住。

3. 发电子邮件进行跟进

我就记者们的邮件数量和习惯进行过大量的调查，他们平均每天收到大约100封电子邮件。既然阅读这些邮件是他们的工作，只要你的主题经过深思熟虑，稿件简短、中肯且具有针对性，那他们就会打开你的邮件。

然而读起来很快。通常，记者们会做个标记，表示感兴趣，稍后回复。不过这也是电子邮件容易在混乱中丢失的时候。

如果我给记者第一封邮件或推特之后没收到回信，我就会在一两天之内发第二封。根据我的经验，第二封邮件的回复率更高，因为记者经常会为没及时回复而道歉。他们在这一点上可能会转移或表达兴趣。我的后续邮件是这样的，如表下6-1所示。

新闻故事思路：优步草坪护理

亲爱的亚当：格林图姆：

你好！

Re：您对这篇故事的构思怎么看？

约翰·史密斯

Re：您对这篇故事的构思怎么看？

您好，约翰！

您好，约翰！

不好意思，又打扰您了（我知道您不可能对每一份投稿都一一回复）！

我要快速跟进我之前给您发的邮件。我知道这可能不是您现在感兴趣的东西，或者在[插入媒体名称]您认为这可能更合适其他人。

期待收到您的反馈与建议。我非常希望能就本故事的创意与您合作。

商祺

[您的名字]

[公司名称]

4. 电话

还有一种联系方式是打电话，但只有当他们特意要求你提供更多的信息时，才会回复你。10年前，我曾成功地将电话作为联系投稿的主要方式，但现在一切都变了，越来越多的记者在家工作，用他们自己的手机，并且总是在截稿日期之前完成工作。这意味着跟使用数字模式的联系方式相比，打投稿电话更容易干扰人家，而且帮助不大。

只有在特殊情况下，我才会把电话作为一个主要的联络方式，我的故事是专门为某位特定的记者定制的，我确定他会喜欢。我和那位记者早就建立了良好的合作关系，这和电话推销迥然不同。

5. 继续

只要你投的稿件不会让记者反感，这就行了，一定要踏踏实实跟进，而且还得知道应该什么时候停止。你每一次投稿的目的是要与记者建立关系，而不是纠缠他们，让他们再也不想听到你的消息，更不是让他们阻止你。

小贴士：坚持与纠缠

人们经常犯的一个错误是，为了投一篇明显行不通的稿子，在与记者的关系还没建立起来时就破坏了彼此的第一印象。有激情是好事，但就算你想成为一个"嘎吱嘎吱"作响的车轮，也必须知道什么时候该停下来。这就是我为什么这么喜欢1-2-3组合拳法的原因。它能让你站在一个合理的位置，并能长期服务于你和记者之间正处于萌芽状态的关系。

当你在投稿方面变得更加老练，并且发现维持这种平衡变得更加得心应手时，你就可以让投稿变得更有创意。多年前，我登上过一个CNBC的节目，这个节目在当时引了吸将近300万观众。我下决心要把DNA11弄上去。在遭到制片方六次拒绝之后，我做到了。

每次我遭到拒绝时，我都没有气馁，我认为这离被接受又近了一步。我给他们发电子邮件、打电话，竭尽全力吸引他们的注意力。尽管这样，我每次得到回答都是一样的：你不能上我们的节目。

大多数人尝试了一两次就放弃了，几乎所有人尝试了三次就都放弃了。而我把眼睛盯在了这个节目将会给我带来的宣传效果上，所以我没有放弃我的念头。我一直瞪大眼睛权衡损失与机遇，我知道只要我努力求索，迟早会找到一个有效的方法。后来，经过一番调查，我找到了NBC（CNBC的母公司）副总裁的大学校友邮箱，并给他发了封邮件。那不是他的工作邮箱，我想他这个邮箱收到的邮件要比工作邮箱少得多，这样我的邮件就会比较显眼。在邮件中，我富有激情地对他讲述了我们公司的故事。我没有问他我能不能上节目，相反，我提出了一个小小的要求，让他把我介绍给节目制作人。

一小时之后，他把我的邮件转发给了制片人，就是多次告诉我不行的那位制片人。我很快就收到了她的回复："我们愿意报道您。"

可以这么说，我是靠"欺负"别人才进入这个节目的。然而，我以一种开玩笑的态度做了这一切，并仔细了解了制片人。我看得出来，他们赞赏我的锲而不舍，于是我继续努力。我要是嗅出被人讨厌的气味，我就停止这种方式，采取别的策略。

记住，在跟人打交道时要机灵点儿，要按规矩办事，但也得运用你的直觉，当你发现有机会获得丰厚的回报时，要善于打破常规。

卡梅隆的公关风格：让自己与众不同

想知道如何吸引记者们的关注吗？光发邮件不行，虽然键入一条注释然后点发送键，既快捷又容易，但是别人也在干同样的事。你的信息很容易就被淹没在记者一天收到的上百条信息里。发邮件投稿让人家看到的概率顶多只有1%。

给记者打电话，能提醒记者你投了稿，这样就不会被忽视。如今，我们大多数人一天只接到为数不多的几个电话，给记者打电话，抓住他们的概率就能增加20%。

小贴士:获取记者电话号码的五个办法

(1) CISION等数据库工具及其他公共数据库有时候能查到个别记者的电话号码。即使这样,电话号码还是越来越难找,因为记者们都在比较远的地方工作,都用私人手机,而且不太愿意提供这些信息。

(2) 领英用户可以导出联系人的数据,包括电话号码。找到"设置和隐私",点击"获取领英数据存档"发送请求。然后你就可以下载一个Excel表,其中包括电话号码、电子邮箱、职位等信息。

(3) 很多记者,尤其是自由撰稿人,都有自己的私人网址,这些人有时会在"关于我"或"联系我"栏目下面列出他们的电话号码。

(4) 拨打媒体的电话并询问。如果你特别彬彬有礼,有时他们会提供一个直接的分机。他们要是有自动话务员的话,你可以试试按姓名拨号功能。

(5) 电子邮件签名通常包括一个电话号码。如果你碰巧收到一封包含这些信息的电子邮件,那你就走运了!毕竟,记者们要是不愿意让你打,就不会在他们的签名中写自己的电话号码。

成功的公关要求把你自己跟竞争对手区分开。你胸怀大志，无所畏惧，当别人干得起劲的时候，你也要快马加鞭。把电话作为首要的沟通方式可以让你更容易被人记住。这样不仅减少了被忽视的概率，还可以通过跟别人交谈，建立一种个人的、印象更深刻的联系。这种方式可以让他们感觉到投稿是专门投给他们本人的，而不是复制、粘贴并转发过好几百人的电子邮件中的一个。

给记者打电话投稿时，我一开始总是这么说："能耽误您几分钟时间吗？我有个很棒的故事给您听。"回答通常要么是"好啊，请讲"，要么是"不行，我太忙了"。从来不会有哪位记者直截了当地拒绝一个潜在的好故事。

如果人家确实很忙，我就会问是否可以给我回电话，然后告诉他一个具体的时间，比如星期四上午或星期一下午。应该没人会说"不，我永远没空"。你说不定什么时候会提出自己的想法。

你投稿时，从你的故事标题的对话版开始。接下来是你的故事视角的四五个关键点，只需要几分钟就可以把你的故事梗概大致描绘出来。这样，你就完成了你的主要工作：把你的想法提供给了电话那头的人。

现在，你该让记者提问题，并跟你就这个话题进行交流了。当你陈述视角时，要拣有用的说，不要滔滔不绝，这有点不可思议，你越啰唆，你刊登这篇故事的可能性就越小。关键是让记者开口，大多数人都不喜欢被销售的感觉，他们都希望自己有意识地做决定，尽管是去做你想让他们做的事。

结束时，我喜欢直接问记者："您觉得把这些写成一篇故事怎么样？"

如果他们喜欢这个想法，准备推进，我会问他们，是希望我现在就提供更详细的信息，还是改天安排一个时间长一点儿的专访。

有时候，想法会被拒绝。那也没什么大不了的。其实你早就应该有这个思想准备。如果记者已经就这个话题写过文章，或者认为不适合他们的读者，或者普通老读者不喜欢这个创意，那么你仍然可以得到有价值的反馈意见。这些信息可以以后再用。这种方法最大的好处是，不管结果如何，你已经跟这位记者建立了联系，这种联系可能会在其他方面使你得到很好的回报。

媒体沟通渠道

正如你看到的那样,你可以选择如何与记者进行沟通。当你开始找出最适合自己的策略时,请权衡一下各种沟通方法的利弊,如表6-1所示。

表6-1 媒体沟通渠道优缺点

沟通渠道	优点	缺点
电子邮件	大部分记者愿意接受这种方式的投稿;容易追踪,好测量是否收到并打开阅读;具有可伸缩性强、操作简单、低摩擦等特点;容易添加图像、视觉效果和链接到更多的信息	不容易被发现,记者们一天要收到100多篇投稿,所以不起眼;如果你做得不对,你会被扔进垃圾邮箱,甚至被记者拒收

（续表）

沟通渠道	优点	缺点
信件/样本	你可以用一种好的方式突出自己；如果你的产品好，记者就会希望得到样本；这是个人行为，会让人感到不一般；这是可追踪的，而且容易追踪	可能比较贵，所以把它留给超级VIP记者和有影响力的人；既耗时，又难以扩大规模
社交平台/直接消息（推特、领英、照片墙等）	很多记者（尤其是科技方面的）保持渠道开放，而且喜欢这种接收投稿的方式；迫使你把稿件写得简短、非正式、对话型，这些都是好事；像推特这样的平台，你可以直接看见消息是何时发送、何时读取的；社会媒体影响力较强大的渠道	小心不要"越界"进入显然是为个人而不是为专业用途而开设的账户；有的记者不想让别人以这种方式跟他们联系（他们经常会在他们的资料中这样告诉你），所以一定要尊重他们的意愿；向个人投稿，用社交媒体比用电子邮件更费时间
电话	很少有人用电话投稿，所以如果你能找到记者的联系方式，你就会比较显眼；如果你的故事好，记者就会有兴趣跟你聊下去；你可以实实在在地跟记者联系，回答他们的问题，或当场收到他们的反馈意见	这具有破坏性，如果你在错误的时间给特别忙的记者打电话，则会招人反感；记者的电话号码不好找；比较耗时；视觉效果差，你没法用电话发送链接、图片等

下一步

我们用前面好几章的内容介绍了如何战略性地吸引媒体的关注。只要你成功地运用了这些技巧,并获得了一定的点击率,那就该执行下一步了——准备与媒体见面,分享你的故事。

CHAPTER SEVEN

7

电视与播客采访

祝贺你！这是你期待已久的机会：向更多的人讲述你们公司。虽然达到这一点，等于迈进了一大步，但不要忘记，你还没有完成任务。从你的故事被接受，到被写成书面文章或录制下来，你还有很多工作要做。你的准备过程和采访策略会有变化，这取决于跟你合作的媒体渠道。我们将从电视和播客开始，讲述如何完成一次优秀的采访。

做好准备工作

很多人没有事先研究过他们要参加的节目,导致最后的结果不尽人意。要明白,到目前为止,你的研究中最重要的一个因素就是以一种能够吸引某个媒体受众的方式来讲述你的故事。现在,你必须提供引人入胜的内容。要做到这一点,最好的方法是了解与你合作的媒体频道。这样可以清楚地了解,什么能让受众产生共鸣。

如果你要上电视节目或播客,那么就要好好看或听上几分钟,了解一下节目的形式和记者。如果正在接受纸质或数字媒体的采访,那么就先读一读过去跟你的故事有关系的文章,以及采访你的人写过的文章。

了解一下受众都是什么人,了解节目或媒体的基调和风格,是随意的还是严肃认真的，记者的行为举止是什么样的、持什么样的态度等。想象一下，你上《科尔伯特报告》这样的节目，却不知道主持人扮演的是一个讽刺的角色，那你的表现该有多么离题、多么不着调！这个例子也许有点儿极端，但是无论你出现在哪个媒体频道，接受哪家媒体的采访，这些都是适用的。

卡梅隆曾经接受过一次采访，采访者看起来是个做事井井有条、循规蹈矩的人。然后，采访进行到一半时，那个人突然对卡梅隆冷嘲热讽。卡梅隆想："哇！真是个混蛋！"其实，这只是采访者惯用的伎俩。这个采访失败了，因为他没有做好充分的准备，没有意识到应该做到有备无患、"以牙还牙"。

有些采访者会让你一直说话，这种采访比对你比较有利，因为你有足够的空间来讲述你的故事，并把你的故事引向你所想要引向的方向，没有人打断你、干扰你。有的采访者是你说完一句话就打断你一次，让你费好大的劲才能把你的信息传达出去。

你的工作就是要预判在某个特定的节目中跟某个采访者会发生什么。你的研究和准备工作做得越充分，你就越有希望以你需要的方式讲述你的故事。

理清谈话要点

通常,你的大部分受众不会从头到尾听完你的访谈节目。他们要是从头到尾听的话,很可能是因为他们听到了哪段觉得很有吸引力的片段。这些片段被称为声音片段,即媒体渠道出于各种目的对你进行采访的简短片段,例如,促销或"敬请期待"的片段。

在接受采访之前,你要准备四五个谈话要点,就像你准备故事视角一样。采访前,再反复推敲这些要点。用便利贴把每一个要点都写下来,并练习说出来。在采访中,使用最合适的观点来回答记者的问题。比如说,你的核心话题之一是特许经营,那么你需要多次重复"特许经营""特许经营权""特许经营者""特许经营合作伙伴"和"特许经营区域"等词汇,这样才不至于让所有术语都被剪辑掉。

你还需要反复练习记者提问中的信息,并将其融入你的回答中,尤其是在电视节目中。如果记者问你"您是否认为您的业务能在三年内翻一番",不要只回答"是的,我能"。如果这个问题被打断了,这些话就会以不合理的推论提出来。相反,可以这样回答:"我能在3年内把业务翻一番。"这不是我们常见的谈话方式,但电视和播客采访不是真正的谈话,它们只是为了看着比较自然而设计的一种技巧。

保持良好心态

毋庸置疑,上电视、YouTube现场访谈、播客,或者类似这样的节目都会让人感到有些紧张,尤其是现场直播。

几年前,卡梅隆任职的一家公司在季后赛期间向一个冰球队的球迷发蓝色假发。这是一个营销噱头,目的是为了得到宣传。结果,两家电视台同时来到卡梅隆的办公室进行远程直播采访。最初,对于如何处理两个同时进行的片段,不免有些手足无措。

这两拨人马到达现场时,他们当中有些人曾一起共事过,因此很友好,还互相帮助把设备搬到楼顶上进行拍摄工作。当时,我们意识到关于媒体的一些情况:他们也是普通人,跟我们没什么两样。那次经历揭开了他们神秘的面纱。

至于发蓝色假发那个噱头,是很受大家欢迎的。在短短的两个星期内，卡梅隆的公司就被67家媒体竞相报道。

> **小贴士：做好万全的准备**
>
> 应对电视或其他任何形式的媒体的法则是，当记者打来电话时，您应该把手头的工作全都放下。尤其是电视，这种非常投机取巧的媒体。就算没有什么重大的新闻爆料，电视台也永远不会宣布："今天没有节目，因为什么新闻都没有。"相反，他们会创造新闻。这就是为什么您必须不断地寻找电视记者，多跟他们接触，看看他们是否在寻找好的故事。
>
> 撇开新闻淡季不谈，很多故事经常出于各种原因而胎死腹中，新闻节目向来是寻找最新的内容来填补节目的空缺。这对你来说是个非常重要的机会。如果你和一个新闻制作人建立了关系，并在某种程度上能够让这个制作人摆脱困境，那么他们肯定还会来找你。
>
> 反之也是一样，电视动作快，过时不候。我们的一位客户在错过机会之后，吸取了这个惨痛的教训。他们接到一位电视制片人的电话，对方想对该公司做一次报道。来电话的时候，他们正在开会，忙别的业务，无法立即处理这件事。他们告诉记者，会给他回电话。36小时之后，他们给记者回了电话。记者却告诉他们已经过期了。该公司

就这样和他们辛辛苦苦争取到的机会擦肩而过。通常情况下，记者的故事时间观念特别强。很遗憾，我们的客户不理解，媒体运作是有时效性的。这碰巧是个电视节目，有些环节时间特别紧迫。在这个案例中，他们正在为当天下午的一个新闻故事制作片段。

卡梅隆也吸取了惨痛的教训。大约一年半以前，一位非常有名的博主想采访他，但卡梅隆没时间亲自与他见面。他们通过网络电话联系，可是因为信号不稳定，最后草草收场。卡梅隆后来用了一年半时间一直在争取，想重新引起那位博主的注意。遗憾的是，那位博主的需求和愿望早就变了。卡梅隆与机会擦肩而过，现在回想起来，他有些后悔，网络电话中断时，他应该立即登上飞往纽约的航班亲自去见她。

时间紧迫也是你应该把自己的手机号写进稿件里的原因。这样，当截止日期快到时，他们也能找到你。有一次科南·奥布莱恩的脱口秀节目组在晚上7点联系了阿德里安，因为他的一位客户（《指环王》中大名鼎鼎的伊利亚·伍德）要去做客。他们想要一张伊利亚和我们产品的照片。如果阿德里安没接到那个电话，那么一次令人难以置信的、千载难逢的机会就会化为泡影。公关不是一场朝九晚五的游戏，当机会来临时，你必须随时待命，迅速扭转局面。

当记者主动与你联系时，实际上是把你需要的东西拱手相让。打一个电话，他们说不定就能让你完成一篇故事，不用不辞辛劳地忙活一个月。毫不夸张地说，媒体给你打电话，对你来说就是一份大礼包，你应该照单全收。

尽管媒体的每个分支机构的工作时间不同，但有一条原则对哪家都适用：只要是新闻界的人给你打电话，你就应该把手头的事先放一放。

办公室采访

在摄制组来到你的办公室拍摄一个片段或采访你之前,你有很多事要做。其中一些是常识,另一些可能不是那么直观。你的职责是在自己的办公室里制造氛围。电视摄制组并不关心怎么推广你的业务,他们只想完成他们的工作,然后回家。你需要考虑很多问题,例如,如何使你的企业出现在公众面前,如何创造合适的灯光条件来支持你想要投射的图像。

提前做好准备,确保摄制组拍摄的地方没有杂物。办公桌要擦干净,办公室里的物品都应该小心翼翼地收起来,远离视线。你可以向采访者和摄制组建议,要使用一个光线充足的空间,上面有一个大的公司标志,以忙忙碌碌、生机勃勃的员工作为背景,让穿着能代表公司品牌和文化的员工出现在镜头前。

此外，要让画面中的员工们知道，他们应该像往常一样开展业务，而不应该在镜头面前过于拘束。员工忙忙碌碌的样子，会让人对此产生好感。

播客准备

你可能会去演播室录制播客,也有可能会进行电话采访。接受电话采访时,务必要使用座机。网络电话和手机连接可能会中断或掉线,你可不希望在接受采访时频繁处理这种情况。最重要的是,要找一个僻静的地方,画面里最好不要出现狗叫或者小孩哭闹的声音。

播客的好处是你不用准备摄像机,难度在于你的声音是你唯一的工具。如果你仔细听早间电台主持人的节目,你就会发现他们的讲话充满了活力。这并非偶然。如果电台主持人想让上班族在上班的路上打起精神,他们就必须给大家带来这种能量。当你进入电台和播客现场录制访谈节目时,想想这些电台主持人,你要对你的信息表现出高度的激情和兴奋。

播客的缺陷在于，如果你缺乏激情或精力，就会被媒体放大。所以，状态不佳时不要想着一杯咖啡就能让你振作起来。播客不行。相反，试着跳跃20下，或出去跑跑步，让脉搏跳动起来。录音前喝点儿带蜂蜜或柠檬的热茶，舒缓一下嗓子，让你的声音平静下来。这听起来很平常，但十分有效。

采访期间别坐着，要站起来，这样你的思维会更清晰，嗓音会更洪亮。你一站起来，就更能透着隔板说话，这样你的声音就会更有活力，更有权威性。信不信由你，不正确的姿势和无精打采的样子会在电视上放大。表情也是一样，所以要面带笑容。你的笑容会与你的声音一起传达出来，帮助听众更好地与你和你的信息联系起来。

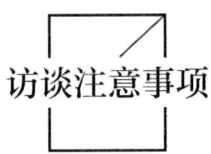

访谈注意事项

1. 提前到达

当你去演播室录制电视节目或播客时,一定要提前30分钟到达。这不仅是为了防止堵车,还是为了在录制节目之前留点儿时间做准备工作。你可能要看看布景,熟悉一下周围的人。必要的话,做一些发声练习。来一杯加柠檬和蜂蜜的茶,让你的声带放松放松。你需要让自己心平气和,这样观众才能与你产生共鸣。

可能的话,跟演播室周围的人或者采访者聊聊天,一般他们能给你提一些好的建议,让你的神经放松下来。如果你要上电视或录视频,问问他们,你说话的时候应该看哪儿。有时候他们想让你直视采访者,有时候他们想让你看镜头,有时候他们想让你一会儿看采访者，一会儿看镜头。你能收集到的任何具体信息都能使采访更顺利、更愉快。

提前到说不定还能跟采访者建立密切的关系。精神紧张的时候，开个小玩笑可以缓解你在采访中遇到新朋友时的紧张情绪。你越早产生这种化学反应，采访的过程就会越顺畅。

很多人在录制节目之前跟采访者谈话有些紧张，不知道说什么。其实，你们既可以聊聊共同的话题——节目，又可以聊聊记者以前做过的节目或访谈来打破僵局，这也表明你对这个节目和将要和你谈话的人有所了解。阿德里安喜欢向采访者询问一些他不太了解的跟观众有关的细节，以使他的回答与观众息息相关。

另外，在开始录制节目之前花点儿时间，想想节目结束后会出现什么情况。为了避免尴尬的收场，在采访开始之前，你应该问清楚什么时候离开演播室。

2. 形象得体

当你到达演播室时，问问你可不可以去化化妆，化妆能让你看起来更精神。但采访结束后，别忘了卸妆。有一次，卡梅隆从彭博电视台的访谈节目中冲出来，急急忙忙参加一个会议，他在曼哈顿都走出好几条街了，还没意识到自己还没卸妆呢！

这听起来像是常识，但值得一提的是：不要在上电视当天理发，要提前几天理，这样不至于让别人觉得你是节目播出前20分钟才理好。

穿颜色中性一点的服装，比如藏蓝色或者浅灰色、深灰色。选择纯色或微妙的图案，如人字形。不要穿带细条纹的衣服，细条纹图案在摄像机上容易产生一种奇怪的效果，它们在屏幕上看起来就像模糊的线条。也尽量别穿白衣服，因为白衣服在灯光下太亮，容易使摄像机的传感器不起使用，让你显不出来，即使后期使用高清技术，屏幕上也会出现一些像素化的小图案，让人眼花缭乱。如果你穿的是西装外套，那你坐着的时候就要把外套的底部压住，以免它翘起来。

提前做好准备很重要，否则，突然来电话可能会让你措手不及。例如，阿德里安的DNA11联合创始人在探索频道第一次接受电视采访时就穿了一件白衬衫，外边套了件皮夹克。结果，他只好把皮夹克拉锁一直拉到脖子，把整个白衬衫都盖住，最后看着就跟《星际迷航》中的群众演员一样滑稽。

我们为什么要说这些无关紧要的细枝末节？因为这样做的目的是让人们的注意力集中在你所传达的信息上，而不是你的着装、皮肤、头发上。当你把事情做对的时候，观众不会注意你；但是当你做错的时候，他们会看得一清二楚。

如果节目是现场直播的话，那你就更要做好准备了。因为直播，意味着只拍一遍。而且，即使是提前录制的节目，后期也会进行剪辑，你是不会被请到剪辑室里，有机会给剪辑师提意见的。因此，提前做好准备至关重要。

3. 提前准备便利贴

想知道一个秘密吗？我们建议你在录制节目之前写一些便利贴来帮助你做练习。节目在开拍之前，卡梅隆还在自己口袋里放了一个便利贴，这样在节目录制前迅速回顾一下，可以帮他记住采访时想要说什么。有时候，他还会在自己视线内贴一张图，放在摄像机附近，这张图就像提示卡那样提示他要说什么。

另外，如果你对即将发生的事感觉不错，可以问问记者（或相关制片人），你在采访期间可能出现的问题。你当然不想满脑子空白，也不想在天花板上找答案。要知道，很多记者不会跟你分享这些问题，所以你越早处理抛给你的问题，在接受采访时就会越得心应手。

有些人即兴发言显得更真实，提前准备使他们听起来像是排练过。人和人不一样，只要找出最适合自己的方法就行——这往往需要反复试验。

采访中有时还会出现一些稀奇古怪的问题，比如，我们的超级力量是什么，我们最尴尬的是什么时候。谁会提前准备这些出其不意的问题呢？采访者提出这些问题，一般是出于活跃气氛，帮助你更快地与受众建立融洽关系的目的。这些问题对你的表现可能很有帮助，但也不排除会打乱你的节奏的可能。这就看你的临场发挥了！只要你始终明确自己的谈话要点，采访最终还是会顺利进行的。

4. 牢记核心信息

播客在时间上经常会给你一些自由，你在回答问题时可以有更长的思考时间，而且对话通常会让人感觉你比较健谈。然而，不要忘记在访谈中加入你的核心观点，把你要谈的所有话题全都说出来。

通常有了电视，就有了更多的紧迫感。它是一种移动迅速的媒介，通常你只有30到60秒，最多不超过90秒的时间来陈述你的观点，这意味着你要从里到外知道你的谈话要点，必须清晰、简洁地表达出来，说话要字正腔圆，别老用"呃""嗯"这样的填充词。必要时，你的工作就是引导采访，把你的信息传递给观众。记者可能不会问你想要回答的问题，所以你要适时将采访内容引到你要表达的信息上。

电视节目通常都要拿去剪辑，而播客很少会剪辑。既然你控制不了采访的剪辑方式，你就要时不时地重复你的谈话要点，这很重要。当然，这在录制现场听起来可能有些多余，但当观众收看或收听这个片段时，他们说不定只能听到一次。

5. 注意力集中

电视采访让你时刻保持紧张，而播客采访容易让你变懒——尤其是你手头有不少播客的时候。尽管大多数播客访谈都是远程进行的，那也要当作坐在演播室里跟采访者面对面一样。如果你是坐在采访者对面，你很快就能全神贯注地投入到录制过程中，这正是你想要复制的内容。

不管你做什么事，都不能一心二用。即使你认为看看有没有邮件、发发短信，耽误不了多长时间，那也不行。把你头脑中那些乱七八糟的念头先放一放，这样你就不会分散注意力，不行就把电脑关掉，把手机调成静音。

了解一下采访持续多长时间，会帮助你适当调整自己的节奏。在开始录制之前，不妨先问问制片人或主持人，这个片段有多长。采访时记录一下时间。你要是用手机记录的话，要确定手机已经调到静音状态，不会让你分心。

6. 不要争论

为了简明扼要、明智地利用你在电视和播客上的短暂时间，记者可能无意中犯的任何错误都要避开，不要纠缠。令人难以置信的是，很多记者常常将被采访者的职位弄错。你想让采访者纠正这些细枝末节吗？当然。然而，这值得纠正吗？不值得。时间这么紧迫，纠正这种错误，只能耽误你用来完成任务、传递信息的宝贵时间。

另外，你要纠正这些小错误，会让人觉得采访者不称职。你想让采访者成为你的同盟者，你就要竭尽全力保持一种友好、积极、乐观的态度。

最好的策略是预防错误，事先给记者发你的数字新闻工具包，甚至产品样本。

电视和播客访谈是个很好的机会，可以将你的信息传播出去，并在大量的目标受众当中树立良好的声誉。首先，这些媒介可能会让你感到有些尴尬，但只要稍做准备和练习，你很快就能把你的核心消息脱口而出，并对采访者提出的问题对答如流。

CHAPTER EIGHT

8

纸质媒体与在线媒体采访

纸质媒体、在线媒体与广播媒体截然不同。这些频道的采访过程有些不一样,你不必担心自己的外表、音质、精力,以及核心信息的重复。但是,有一些其他事情需要注意,我们将在后面的内容中详细讨论。

让采访效果最大化的技巧

无论你是接受纸质媒体还是在线媒体的采访,你都需要考虑一些策略。从某种程度上来说,不管是纸质形式还是数字形式,方法都大致相同。下面这些技巧都能让你的采访效果最大化。在本章的后面部分,我们还将讨论在线媒体采访时需要考虑的一些问题。

1. 建立融洽的关系

采访你的记者跟你一样,也是在做自己的本职工作。不过,最好的采访是在比较自然的对话氛围中进行的。此外,这个人可能是将来你要再次投稿的对象。采访是建立并巩固人际关系的绝佳机会。

一个优秀的采访者会让你感到放松，营造融洽的对话氛围。你也不要太拘谨，如果有必要，你应该积极配合对方来营造一种轻松的对话氛围。纸质媒体和在线访谈的好处在于，你不会像在接受广播采访或电视采访时那样时间紧迫。尽管你很尊重采访者的时间，但是花几分钟建立联系，互相走动走动也是非常值得的，从长远来看，这样对写文章也有好处。

2. 设置界限

如果你在采访过程中有什么绝对不愿意探讨的问题，比如悬而未决的诉讼或敏感的商业问题，那么在采访开始之前一定要想清楚。大多数记者都会尊重你的意愿。如果出于某种原因，他们无意地提起了某个你不愿意提起的话题，不妨提醒一下他们，你不愿意评论这些。

同样，如果你觉得有必要的话，可以试着指导记者。你可以这样说："这就是我想探讨的三个主要问题。"这是让你们的采访内容时刻"在线"的一种好方法。你可以明确地声明你想要插入某些内容。记者们很清楚，这就是采访的主要目的。你可以这样说："我真的很想谈谈我的新书。"或者"我希望能有机会向您的读者介绍我网站上的视频。"

记者们知道你要向他们提供故事，知道你花了时间和精力是想收到效果，就像他们所做的那样。但如果你不让他们提起某件事，他们可能也不会问。因此，不管你是通过哪个媒体渠道接受采访，都要明确自己要说什么，不想说什么，想从采访中得到什么。

3. 表述精确

在电视和播客中，你说的话都是给观众听的，而纸质媒体和在线媒体的听众首先是记者，他们会对你提供的信息进行编排。在电视上，你需要集中注意力一遍又一遍重复你的信息，纸质媒体和在线媒体要求你集中注意力把你的信息讲清楚，确保不会让记者误解，在重新编排时写出错误的文章。

记者很少会故意曲解你的话。但是，就像电话游戏一样，从你说给记者，到记者打草稿，再传给编辑和校对人员，往往会丢失或改变一些东西。即使是细微的措辞变化说不定也会对你的信息产生较大的影响。因此，你讲得越切题、越清楚，发生这种情况的可能性就越小。

4. 以自己为主角

有时，记者可能会让你谈谈竞争对手。这时，你要尽量把讨论的话题转回到你本人和你们公司上。永远不要以任何方式、任何形式对竞争对手评头论足。为什么要把你的媒体时间和空间拱手让给竞争对手？这一点在在线媒体上尤其突出，因为记者可能会在其中加入其他任何可能被提及的公司的链接，相当于你把流量毫不吝惜地送给了你的竞争对手。

还有一点，除非故事是关于使用你的产品或服务的公司，否则最好不要泄露太多关于客户的信息。记者总是在寻找最佳的角度来讲述一个故事，这意味着无论你讲述的是什么故事，文章在发表之前都是不确定的。有时候，开始时着重写你本人的故事，写着写着就成了以你的客户或者行业为主的文章。为了避免这种情况，要把故事的中心放在你本人、你们公司和你所要传达的核心信息上。

卡梅隆接受过一次采访，关于他如何指导主管人员打造充满正能量的企业文化的采访。在采访过程中，他提到了一位客户的名字，没想到，最后撰稿人决定采访这位客户。原本想成为故事唯一主角的卡梅隆最后把戏份分给了他的客户。卡梅隆就这样无意中给人家做了嫁衣。

5. 时刻保持警觉

实况转播的广播节目中的那种紧迫感在纸质媒体和在线采

访中根本不存在。当你接受一家纸质媒体或在线媒体的记者采访时,他们很可能会用智能手机或笔把谈话内容记录下来,有时还两者兼用。如果没有摄像头或麦克风,采访就会显得更随意,更容易让人放松警觉。

这虽然会让你感到舒适、松弛,让采访成为一种快乐的经历,但也会分散你的注意力,让你不自觉地谈到一些非公开的信息。记住,不管记者多有魅力,你有多放松,除某种特定的场景外,一定要做记录。要是不做记录,那就等于无论你跟记者讨论什么,都可能被记者拿来发挥。几年前,阿德里安在接受*Fast Company*采访时谈到了他的公司CanvasPop与照片墙进行整合的事。计划内的讨论结束后,采访似乎也该结束了,阿德里安继续跟记者交谈,聊得很自然、很投机,这段私下的对话却被录了音。记者询问阿德里安与照片墙创始人兼首席执行官凯文·斯特罗姆一起共事的经历,阿德里安给出了一个坦率而富有深刻见解的答复。

这篇文章最终的标题是"照片墙一位内部人士的观点"。在斯特罗姆之前,他们一句关于照片墙的话都没提。阿德里安刚看到这篇文章,心里一沉,但CanvasPop能在顶级刊物上与照片墙同时出现且没有造成损失,他还是很高兴的。尽管如此,这篇文章并不是阿德里安的本意,它为一个可能会出现严重错误的场景敞开了大门。

阿德里安很有头脑，他没有跟记者分享任何关于照片墙或凯文·斯特罗姆的秘密信息，但并不是所有人都能这样。当你和一个对你所谈论的话题确实很感兴趣的人谈话时，你会自然而然地跟对方分享一些秘密的信息，或谈论你正准备做的事。有时候，与记者的对话刚开始让人感觉像朋友一样聊得很投机。但要明白，记者不是你的朋友，至少在这种情况下不是。这是一次专业性的谈话，最后全世界都会知道。

你要对自己说过的话负责，无论你有没有记录。如果有些事你不想让别人知道，就不要和别人分享。当你准备好向全世界隆重推出你的新理念、新产品时，你再给大家透露这些信息也不迟。

需要明确的是，这并不是说记者强人所难或者缺乏职业道德。其实，新闻行业涉及很多道德规范，而且绝大多数记者都非常遵守。不过，当有很多方法可以让你审视所讨论的那个并不在设定范围内的话题时，你会发现，对于同一个话题，记者对信息的理解与你想要表达的观点可能大相径庭。

最糟糕的情况是，记者可能会以这样的方式歪曲一段公开的信息，结果会造成你公开泄露秘密的假象。记者们这样做不是因为他们是混蛋、强人所难或者缺乏职业道德，而是因为他们的本职工作就是为读者收集信息。归根结底，记者要对他们为之工作的受众和机构负责。

6. 核实情况

在当今这个时代,你很少有机会在采访发表前核实情况。由于截稿日期快到了,根本不允许你核实。

避免出现准确性问题的方法是在采访前给撰稿人发一份你的新闻工具包的链接。你把你故事的核心事实和相关文档写在里面,这样既为撰稿人节省了时间和精力,又能保证报道的准确性。

> **小贴士:通过邮件进行采访**
>
> 无论赞成还是反对,大多数记者都会对电子邮件采访有强烈的想法。有些人认为这是一个很好的、很节省时间的方法,因为他们不需要做笔记,不需要抄写采访内容。有些人则认为互相发邮件没什么用。不管怎样,问问也没什么坏处,只要保证让记者知道你的方式很灵活,愿意以他们喜欢的任何方式跟他们合作就行。
>
> 通过邮件的方式回答采访问题时,你可以不用着急,深思熟虑之后再以书面的形式从容地回答,让你最大限度地掌握采访信息。
>
> 回复邮件时,要确保引用中有你的网址或参考文献,这样媒体可以链接到你。最后,一定要知道记者的截稿日期,千万不要错过!

在线媒体采访注意事项

许多公司把重点放在纸质媒体上,因为在某些行业,纸质媒体更有声望。纸质媒体很好,但因为版面有限,它们也更挑剔。

但是,现在订阅纸质媒体的人越来越少,在制定公关战略时,要考虑这个问题。你可以继续向纸质媒体投稿,但不能忽视在线媒体渠道以及它们所能带来的诸多好处。

此外,还要注意,像杂志这样的纸质媒体通常会在文章发表前3到4个月就开始撰写文章(这叫"准备时间"),这意味着,如果你要写一篇关于圣诞礼物的故事,你必须在8月份就开始写,这样才能赶上截稿日期。

1. 对内容的渴望

在线媒体永远需要内容,而且需求量巨大。报纸和杂志受生产成本和版面的限制。

互联网就不受这些限制,不存在材料费、配送费的问题,所以不会因为版面有限而不得不删掉一些故事情节,而这种情况在纸质媒体上时有发生。在线媒体的内容量不受限制,内容越多,故事越多,它们的点击率就越高,从广告商那里赚的钱就越多。

在线内容的需求量稳定、巨大,而且内容永远在线,读者能够轻松地阅读文章,从而将文章传播给更广泛的受众。你可以充分利用这一点,并通过自己的媒体资产来宣传,传播这些故事。

2. 博主

有时,你还会收到网络博主的采访邀请,博主们就相当于互联网上的电视或播客主持人。一般来说,他们有自己的风格和视角,使他们与传统的新闻网站区别开来,就像你要准备一个深夜脱口秀或讽刺类节目一样,你需要熟悉博主的风格和个性,明确他们的受众。博主通常是一个人操作,多数博主的预算都很低,也没有专职摄影师,他们会很乐意接受你提供的任何照片,与你的故事配合运作。

选择合适的新闻图片

一般来说,你发表的文章应该有一些图片,这些图片在视觉上能够吸引读者,让他们沉浸在你的故事中。卡梅隆曾经就就业问题接受过报社的采访,在与记者的谈话结束时,他提出要拍一张公司首席执行官站在全是空椅子的房间前的照片,目的是向读者展示他非常渴望填补他们公司的30个职位空缺。

记者很喜欢这个主意,于是派了一名摄影师去拍摄。当这个故事发表后,这张照片刊登在了封面上,占据了版面的75%。这张照片产生了很大的影响,某种程度上它是讲述故事最有效的办法。一张照片就能捕捉到文章的精髓,这是文字无法做到的。

在你接受采访的过程中,你需要考虑放什么样的图片,不妨主动给记者发一些照片对你的故事做一些补充,也可以让出版商专门委派他们自己的摄影师来拍照。大家集思广益设计潜在需要的图片,为这一次谈话做准备。仅仅投照片不行,明确一点,这些图片必须能以一种更有效的方式让读者理解你的观点。

卡梅隆的经验告诉我们,在这一过程中付出一些努力可以获得丰厚的回报。在坐下来接受采访之前,想想如何直观地展现你的故事,然后采取主动,在采访结束时向撰稿人阐述你的想法。

有些媒体更喜欢从你的文集中收集照片,有些媒体则会安排摄影师来给你拍照。如果你要提供图片,尽量拍得专业一些,好让新闻机构尽可能简单地完成这一过程。这里的关键词是拍得专业。

小贴士:创建新闻图片库

你的图片库不需要比多宝箱(Dropbox)文件夹更复杂,多宝箱文件夹是专门为存放你的专业图片而预留的,这样媒体就可以随时访问它们。

把你的图片整齐地放在容易找到的文件夹里,并按照产品、生活方式、徽标、头像等主题进行分类,让其看起来更清晰、专业。

将图片保存为Web分辨率(72 DPI)和全分辨率(10兆字节或更多)两种版本。你可以在故事情节中加上一些低分辨率版本的图片,并让记者们知道,如果他们决定报道,你还有全分辨率的图片供他们使用。

1. 新闻图片类型

常用的图片类型有以下几种，你可以根据内容需要自行选择。

（1）素材图片

不是每家媒体都有资源为你们公司委派摄影师，但这并不代表你没有图片可供使用。就像一个优秀的公关代表那样，你需要储备一系列专业的照片，以便随时发布。当记者要求在文章中放入图片时，你只需把你的新闻图片库给他们看即可。

在这种情况下，"素材图片"指的是手头上给媒体用的图片集合。重要的是，永远不要使用通用意义上的素材图片——你一定希望能拥有自己的专用图片，而不是从网上下载的通用照片。素材图片再专业也替代不了专用图片。

（2）产品图片

产品图片应该在白色背景下拍摄，这样方便媒体修图。确保这些照片上只有你的产品，没有任何与此无关的东西。

如果你的产品是一款应用程序或软件，那就拍下高分辨率的屏幕截图，把手机运营商的名称、电池使用寿命以及屏幕上出现的任何让人分散注意力的、无关紧要的细节都删掉。你要让读者关注的是产品本身，而不是手机只剩下2%的电量。

（3）生活方式照片

生活方式照片展示的是你的产品或服务在生活中被用户积极使用的场景，经常以人们与产品的互动为主。这里的想法是将你的产品带到生活中，并围绕它创建背景。在拍摄这类照片时，常常会用到人物的正面或侧面肖像，拍摄前请你获得他们的许可。最好签署专业的授权书或其他证明，以确保图片不会侵权。

（4）公司Logo

你应该将你的公司Logo以两种高分辨率格式提供给记者：EPS格式（可全方位工作）和JPEG格式或PNG格式。JPEG格式最好使用透明的背景，这样就不会在Logo周围出现白色的斑块，不然显得很不专业。

有些公司为Logo提供颜色变体。如果你也这样，请确定文件命名一定要清楚明了，这样记者可以很容易地找到他们需要的颜色。此外，还要确定这里面没有你不想让记者使用的颜色——这种情况屡见不鲜。一般来说，那些你不想让记者用的照片，就不要放在图片库里。

（5）头像

你的整个管理团队应该有最新的专业头像。这些图片应该由专业摄影师以专业的格式进行拍摄，风格要一致。没有比胡乱收集风格各异、背景各不相同的领导的头像显得更业余的了。

除此之外，头像还要能反映公司的特色与气质。只要你的头像很专业，形象一致，你就能得到不少乐趣（尽管你还想给记者提供一些很标准的白色背景的头像）。例如，阿德里安有个抱着一只猫的头像，样子很滑稽，但这很符合他们公司的氛围，能给人留下深刻的印象。

2. 与媒体摄影师合作

由媒体负责摄影时，你要做的就是将摄影师带入你的环境中，让他近距离地接触你想要传达的信息，从而拍摄出最能表现你的公司特色的照片。最直截了当的做法，就是邀请摄影师去你的工作场所。或者，经过一番考虑，你决定找一个稀奇古怪的环境，这样可能最适合传达你的信息。例如，你将摄影师带到一个与你的公司文化故事视角相关联的绳索课程上，让他在绳索课上拍照。

你能把媒体带进你们公司的机会越多，他们对你们公司的情况就能了解得越多，就越能把印象和细节融入故事当中。在你的引导下拍照片，记者便有机会与你们公司建立更多的联系。他们做得越多，就越能生动、具体、图文并茂地向他们的受众介绍你们的业务。

3. "墙壁会说话"

你可能听过这样一句话:"隔墙有耳。"但事实是,墙不仅有耳朵,还长了嘴。办公室的装饰风格与气质也可以向镜头展示你们公司的文化,传递很多关于你们品牌的信息。

位于温哥华的Hootsuite(一家社交媒体管理平台)办公室就是绝佳例子。他们的一间办公室被恰如其分地命名为"冬天的小屋",它给人的感觉就像是滑雪山上的一幢真正的小木屋,四周都是旧滑雪板和滑雪靴,还有一辆雪橇车和堆在一起的木头。小木屋的陈设用的是修复过的五金家具装点一新,给人感觉非常舒适温馨,简直难以置信。另外,他们还有独具特色的"盛夏的小屋"。

显然,不是每家公司都有足够的资源在设计和主题上完成这个错综复杂的任务。然而,在你的办公室里融入风格独特的、宾至如归的感觉还是有可能的,不需要像Hootsuite那样在主题小屋上花那么多钱。独特的装饰风格是向媒体展示公司的好方法,因为它们传达了你们公司的个性因素和氛围,这是无法用语言来表达的。

4. 图片展示

当你给媒体筛选图片时,你不仅要看照片能否更好地传达公司的信息，还要看细节。这听起来很简单，但是很多人忘记了这一点。要确定任何出现在媒体照片上的人都提前通知到了，就像在学校照相的日子一样。如果可能的话，即使是员工也应该签署授权书后再发布。

　　同样的道理也适用于出现在照片中的任何无生命物体。办公室的窗户要一尘不染，地板要用真空吸尘器打扫干净，办公桌和公共空间要干净整洁，公司的车辆要洗得干干净净，轮胎要抛光。

　　这一切听起来可能是有点偏执，但是请记住：这些照片讲述的是一个关于你和你的品牌的故事。虽然读者不太可能有意识地去分析这些照片，但我们都会下意识地根据一些小线索形成自己的观点。这就是人类的本性。确定你的照片传达了一个关于你的品牌以及品牌背后的人不可抗拒的信息。

利用你的媒体关注度

现在你已经能够获得那些有价值的媒体对你的关注,希望人们能点击你的故事。卡梅隆曾与一家公司合作,帮助该公司的一篇报道登上了《华尔街日报》。你可以想象,这是多么令人振奋!这篇报道能在这样一家一流的、高关注度的商业刊物上发表,员工们相互击掌庆贺。但很快,大家就发现了问题。除了员工以外,似乎没有任何人看过这篇文章。电话铃没有响,收入没有增加,什么都没有发生。

这就是我们必须面对的现实,媒体不像传统的营销。媒体点击率是有很大的潜力,引来不少电话,带来一些商机,但前提是你必须充分利用媒体关注度才行。在媒体上刊登新闻只是你公关工作的一部分,你在故事完成后要做的事情同样很重要。

1. 27法则

27法则认为，人们在对某样东西采取行动之前需要接触9次。而且，人们只会看到他们面前的三件东西中的一件。如此一来，这意味着一个人在对某件东西采取行动之前需要接触它达27次。

如果27法则是真的，那么无论你的文章刊登在哪儿，都需要多次刊登出来。潜在客户多次看到这篇文章而不仅仅是一次阅读或浏览，他们才会采取你想让他们采取的行动。这意味着，你必须进一步推动你的媒体，扩大其影响力，让人们多次看到、听到关于你们公司的文章，并反复阅读。

在你们公司的领英、脸书、推特等社交媒体上分享好新闻非常重要。你也可以让你的员工在他们的社交媒体页面上进行分享。当然，所有的分享都要能链接到你的网站，这样有助于优化搜索引擎排序，使你在谷歌搜索中置顶。

当1-800-GOT-JUNK?上了奥普拉的节目后，公司的电话都快被打爆了。后来，虽然我们没再上过奥普拉的节目，但在接下来的十几年里，卡梅隆反复地讲述公司上过奥普拉节目的故事，持续为公司增加热度，这就是杠杆的意义所在。在一篇文章最初的热度过去很久之后，你还能通过市场营销、销售以及后续的公关点击来成功利用这篇文章。事实上，卡梅隆告诉每一位采访他的记者，他们公司上过奥普拉的节目，这比他上过该节目后所带来的直接业务更有价值。

除了利用你的媒体，你还需要利用你所建立的关系。此前，阿德里安为了能出现在TechCrunch上，不得不竭尽全力。后来，他与在那里工作的记者们逐渐建立起融洽的关系，事情变得越来越容易。

与媒体建立稳固的关系需要时间，耐心是关键，同时也需要一些技巧。例如，接受完记者采访后，在社交媒体上与他们互动，以一种有机的、讨人喜欢的方式让他们来熟悉你的名字。仅仅认识一名记者并不能保证你能上新闻，你还必须有故事，记者必须有对你的故事感兴趣的受众。

2. 让别人喜欢并分享你的故事

比起让人们看到你的新闻，你更希望他们参与其中。当一个故事在网上发表时，你的目标是让尽可能多的人喜欢，甚至分享它。这包括你的团队、家人、朋友和同事。大数据时代的算法一天比一天复杂，它们可以把被动型观众和主动参与型观众区分开，可以判断一个人是真正读过这篇故事，还是只随便看看。而且，它们还会对评论部分做出分析，不仅跟踪人们是否留下评论，还跟踪评论中所使用的措辞，甚至评论的长度。

你的目的不仅是让人们分享你的故事，还要让他们参与其中。提高受众参与度一个最好的方法就是让自己投入其中。通过参与评论部分中的讨论来激发对话，并确认你对正面评论和负面评论都进行了回复。对负面评论的互动不仅能让你有机会转变负面印象，还能证明你在倾听和回应反馈意见。

当你参与其中时，这表明你们公司不仅仅是在传达信息，还在认真听取来自客户、委托人和公众的意见。这表明你对周围发生的事以及受影响的人都非常投入。如果你能让你的创始人或首席执行官也参与进来，那就更好了。这是一件微不足道的小事，却能细水长流，让你收获极大的公关效果。

此外，一定要把所有充满正能量的文章都钉在公司社交媒体页面的顶部，这会让你吸引更多的眼球，让更多的人参与进来。当你发布这些文章的时候，写明记者身份以及媒体名称，让它们看起来更加专业可信。这是与媒体建立关系，并让这类文章源源不断被关注的一个简单而有效的办法。

另外，你要向记者发送特定的网页链接，确认读者在读完你的故事后，能轻松地链接到你的产品和服务。大多数媒体都会允许在他们的文章中加入链接，但如果碰到媒体没有链接策略的情况，你始终可以在文章下面的评论中以一种非推广的方式提供链接。

需要注意的是，你提供的链接要将读者带到特定的登录页面，而不是你的主页。记住，这些公关故事的目的是带来更多的商机，所以要把它们引向"销售"。

> **小贴士：提高参与度**
>
> 通过在脸书等知名社交媒体网站上的付费广告活动，最大限度地增加在线媒体点击率，提高参与度，从而推动更多的读者去阅读媒体上的正面报道。这种广告提供了宝贵的社会证明，并确保你将在重大新闻上获得更广泛的关注，而不是简单地链接到你的新闻提要上的文章。

你明白了！

与广播采访相比，纸质媒体和在线媒体的采访让人感觉不是很正规，没那么大压力。在某些方面，也确实如此。正因为如此，坚持下去很重要。跟记者保持联系，还要确保你有源源不断的信息，并始终处于正常的工作轨道上，必要时，主动提供照片、链接和参与度，从而最大限度地创造机会。

CHAPTER NINE

9

吸引公众关注，打造品牌热度

媒体需要鼓舞人心的故事，尤其是在当下的环境中，一些新颖的故事可以很快传播开来。如果你愿意干点儿"傻事儿"——假设"傻事儿"符合你们公司的文化——那么，无论如何，你都要弄出点"噱头"。然而，如果这类事情与你们的品牌个性不符，那就不要这么做，它会让人感觉不真实，并产生相反的效果。

跳出俗套做公关

在运营DNA11的过程中，阿德里安发现照片印刷领域是一个未开发的市场。尽管DNA11是一家年收入100万美元的企业，但它仍然是一家生活方式型企业。阿德里安想进入规模更大、每年数十亿美元市场的照片印刷行业。多亏了DNA11，阿德里安已经具备了印刷艺术品的知识、能力和设备，于是他创办了CanvasPop，这是一家基于网络的大型印刷公司。不到10年，CanvasPop的销售额就达到了8位数。

DNA11的工作经历给了阿德里安一些经验，那就是没必要花钱给自己打广告。他对CanvasPop也遵循同样的理念，他的目的是要让CanvasPop具有"时代广场"的特色。听起来不太可能，对吧？

阿德里安做了一些调查，发现当时PRWeb正在运作一个特殊的项目。任何人花1000美元和他们一起发布新闻，只要再花200美元，就可以把他们的照片送到时代广场上播放。当然，照片只能播放15秒左右，但这只是开始。阿德里安与PRWeb达成协议，以100美元的单价购买了100个广告时段。当然，这看起来有点儿贵，但这是在时代广场。在时代广场花一万美元打广告，已经够便宜了。

阿德里安认为自己可以做得更多，于是，他联系了许多家媒体，告诉他们CanvasPop将要做一件以前没有人做过的事情——为他们网站的前100名客户提供一个机会，只需要额外支付35美元，就可以把他们的照片放在时代广场上展示。这样，阿德里安迅速获得了大量的媒体报道，同时还收回了CanvasPop的大部分广告成本。

结果呢？从第一次亮相开始，CanvasPop看起来就像一家价值数百万美元的公司。CanvasPop在时代广场的噱头使他们成了《今日秀》《早安美国》和TechCrunch等媒体的主角。

这种游击战术说明了一个重要的问题。一般来说，新闻不仅本质上单调乏味，而且还会反复出现。观众对一遍又一遍地收看、阅读、收听许多一模一样的新闻故事有些麻木了，他们需要新鲜事物。因此，只要稍加思考、筹划，实实在在地评估你的个性和公司文化，你就可以创造性地创建新闻故事和视角，从而在媒体上大放异彩。

策划吸引人的品牌活动

在当下信息量过剩、注意力有限的环境中，媒体需要新鲜的材料，尤其是鼓舞人心的故事。曾几何时，将自己与某个品牌或活动联系在一起意味着要为慈善事业赞助一些东西，并且要抱着一张巨额支票拍照。这是老皇历了。如今，没有人会对超大号支票欣喜若狂，而一家好的媒体机构也不会刊登这样的报道。我们并不是说你不应该为慈善事业筹款，我们要说的是，你不要为了拍照这样做，这么炒作达不到你想要的效果。

卡梅隆的蓝色假发噱头为慈善机构筹集了资金，这很棒，同时还把他的品牌跟冰球队紧密地联系在了一起。一家公司和一支冰球队，这大概是你见过最完美的组合。媒体喜欢这个故事，因为这不仅给了他们一个谈论慈善事业的机会，而且还可以将其写成一篇非常有趣的狂热冰球球迷的故事。

吸引眼球的炒作非常适合商业展会。除了一些规模较大的年度展会以外，商业展会一般都是行业内部的事情，外部人士对此毫不在意。在这种情况下，策划一些独特的活动，能够帮你快速吸引媒体。

卡梅隆的一家公司就是这么做的。在一次商业展会上，他们没有像其他参展商一样，雇用穿着性感的模特站在展台前，而是每天从动物保护协会带几只被救助的流浪小狗到他们的展台，这为他们赢得了很多关注。谁不喜欢小狗呢？自然，媒体全程报道了这件事——因为大多数观众喜欢这类故事。

小贴士：把获奖当作你的优势

获奖是一种超级简单的营销方式，同时也能收获大多数人意想不到的信赖与认可。我们都见过网站底部闪闪发光的Logo——年度设计师奖、最佳客户服务奖，这样的例子不胜枚举。

即使你以前从未听说过那些具体的奖项，但当你看到一家公司摆出了各种各样的奖项，你无意间也会提高对这家公司的信赖与认可，我们称之为光环品牌。

这很重要，无论你是想雇用最好的员工，还是想在竞争对手中脱颖而出，"获奖"绝对是一个你想放在公司名号前面的形容词。

　　每个行业都有许多奖项,要积极主动地寻找它们,使自己成为佼佼者。一旦赢得了奖项,就可以利用它通过社会媒体讲述故事。当然,记得把光辉灿烂的获奖标志放在你们公司网页的底部!

突击营销

你的目标是要让你的公司出类拔萃,这就需要你讲述的故事有创意,突击营销是一种很好的手段。这种手段采用低成本的创新技术来吸引人们的广泛关注。买广告牌不是突击营销,因为要花很多钱,而且谁都能做到。阿德里安在时代广场的噱头就是突击营销。

突击营销不一定要有大场面、大场所才有效。在Behance大会上云集了世界上最具创造力的人,阿德里安在画布上印出50美元的模拟钞票分发给与会者。同时,拿到模拟钞票的与会者——恰好也是CanvasPop的目标受众——如果使用CanvasPop印刷,就能从他们的印刷订单中获得50美元的减免。由于阿德里安用了CanvasPop的机器打印模拟钞票,因此活动的成本非常低。这个活动获得了双赢,与会者获得了很大的折扣,CanvasPop赢得了新客户,给他们的目标受众留下了深刻的印象。

突击营销是一个收获乐趣和创意的好方法,但首先,我们来看看那些独特、有效的突击营销策略的案例,让你的思维活跃起来。

1. 爱彼迎的麦片包装盒营销

现在,爱彼迎的市值达到了250亿美元。可是在2008年,他们差点因偿还不了2万美元的债务而倒闭。为了避免破产,创始人做出了一个令人大跌眼镜的决定——推出麦片包装盒系列。是的,麦片包装盒。在2008年,爱彼迎制作了两种独特的印有人物头像的麦片包装盒。他们把麦片盒盖印出来,热粘在包装盒上,然后在盒子里装满麦圈和麦片,以40美元一盒的价格销售这种基本上相当于工艺品的麦片盒。

这一创新为爱彼迎带来了数百篇文章和数千名访客,更不用说收入了。这个创新最有趣的地方在于,麦片包装盒与爱彼迎的业务没有一毛钱关系。然而,他们仍然成功地引起了轰动,吸引了人们对他们品牌的关注,并在不到一天的时间里还清了信用卡债务。

2. 3M的返璞归真

我们鼓励你跳出固有思维思考，而3M（明尼苏达矿务及制造业公司）却恰恰因为使用常规手段而备受关注。为了宣传一款薄而透明的坚固玻璃，他们在温哥华一条繁华的大街上放置了一个装满现金的玻璃盒子，并邀请路人砸玻璃，谁砸碎了玻璃，钱就归谁。

可是，唯一从这次活动中获利的是3M，因为没有人能打碎这个玻璃盒子，3M引起了广泛的关注，这为他们带去了数百万美元的销售额。3M这次活动不仅取得了成功，而且还发现了一套非常聪明的方式来向人们展示他们的产品，这比那些乏善可陈的广告宣传要有效得多。

3. Tinder的破格出击

Tinder是一款交友软件，在澳大利亚宣传时Tinder采取了一个绝妙的策略。Tinder营销总监兼员工乔什·梅茨分享了这家新兴公司用来吸引媒体注意力的突击战术。当Tinder在澳大利亚还默默无闻时，他们雇了几个漂亮的模特走进目标媒体的办公室，直接走到某位记者面前，递给他或她一张折叠的纸条，上面写着:"这不是我的电话号码,但是您可以在Tinder上找到我。"然后,模特在记者的脸颊上吻了一下,转身离开。

模特们一离开大楼就给乔什发短信,告诉他,她们完成了任务。乔什马上给记者发送邮件,说:"嘿,我希望您喜欢达芙妮(或其他人)的来访。这里有更多关于Tinder的信息,因为您可能想了解Tinder是干什么的。"然后,乔什继续吊记者们胃口,不直接说Tinder的业务领域,而是把这个应用程序在美国的流行情况给记者详细介绍了一番。

记者们很感兴趣,他们当中有许多人都争先恐后地与Tinder的创始人约时间交谈。该公司很快赢得了许多媒体的关注。从那以后,他们在澳大利亚的用户比例开始飙升。这都不足为奇——Tinder不仅提出了一个极具创意的想法,而且也坚持了它的设计初衷。

4. DSC的由小到大

DSC(Dollar Shave Club)是一家在线男性护理用品品牌,它依靠社交媒体来推广自己的品牌。他们花了4500美元制作了一段视频,这段视频迅速走红,最后在YouTube上获得了超过1亿的点击量,仅那一年的收入就达到了350万美元,并凭借一己之力让这家公司声名鹊起。DSC现在是一家市值10亿美元的公司,直到今天，他们的网站上仍保留着这段视频。

DSC视频的美妙之处在于它没有任何花里胡哨的装饰品，它是靠一件我们都能欣赏而且非常接地气的简单事物——幽默——吸引我们的。就是这么回事，简单，但是非常有效。

请注意，所有这些活动都是廉价而且可以实现的。虽然爱彼迎、Tinder和DSC现在都是大公司，但它们发起这些活动的时候可不是大公司。3M公司现在已经成为一家规模庞大的企业，但他们也不是靠砸钱来实现这个目标的，而是靠创造力和聪明才智使他们的活动大获全胜的。

5. 突击营销失败案例

突击营销也有过很多次史诗般的惨败，人们都爱说所有的媒体都是好媒体，但是以下就是反例。

1986年，国际联合劝募协会（United Way Worldwide）在克里夫兰市中心上空放飞了150万个气球，这可能是有史以来最糟糕的突击营销。这该是多么蔚为壮观啊，对吧？嗯，是的，少说也得持续几分钟。不幸的是，活动组织者忽略了天气因素以及可能造成的航班延误和中断，也没有考虑到这么多气球爆炸后造成的废弃物。

灾难接踵而至。一场突如其来的暴风雨把气球刮回城市。一艘小船翻了，两名乘客落入水中，而海岸警卫队的一架直升机无法穿过气球云并及时赶到事故现场去营救他们。当直升机终于冲破重重障碍赶到事故现场时，他们没法从漂浮在水面上的不计其数的气球中找到遇难者。结果，两个人溺水身亡。一匹马受惊，受了重伤，它的主人向国际联合劝募协会提起诉讼，要求赔偿10万美元。此外还有数百万美元的其他诉讼费用。克里夫兰市花了好几个星期才把这些乱七八糟的气球清理干净。

这只是突击营销出现重大问题的众多案例中的一个，并不是所有的失败案例都像这个一样如同史诗一般。但是你肯定不希望自己在实践过程中一败涂地，所以当你策划突击营销的时候，一定要从头到尾仔细考虑周全，让公司的其他人也来分析可能出现的结果，把各种可能被遗漏的因素都考虑进去。要弄清楚，你要达到什么目的？最理想的情况是什么？吸引潜在客户关注的方式是否与你的品牌相得益彰？否则，为什么要这样做？

你需要多花一些时间考虑最坏的情况。例如，这样做违法吗？会不会伤害到什么人，还是容易损坏什么东西？这个噱头会不会对你的品牌产生负面影响？如果以上任何一个问题的答案都是肯定的，那你打算怎么改变或调整你的计划来避免出现这些消极因素呢？能避免吗？要是不能的话，那就干脆采取B计划吧，冒任何风险都不值得。

最后，不要不好意思向他人学习。不夸张地说，已经有数百家网站采取过突击营销策略，有的成功，有的失败。不妨借鉴一下，说不定可以获得灵感，找到哪里容易出问题，这样从一开始就可以防患于未然，避免公关灾难的发生。

提醒你！

突击和噱头营销让你有机会发挥创造力，做一些异乎寻常的事，让人们措手不及。没有什么比看到通过噱头赚得盆满钵满更让人心满意足的了。然而，有时人们会被一个宏伟的计划冲昏头脑，没有仔细考虑，或者相信冒险也是值得的。不要让自己陷入那种境地。实施突击营销策略的时候，可以不拘一格，我行我素，但是你得确保你这个计划切合实际。

结语

现在你所有该有的工具和策略都有了,你需要把你的内部公关计划带来,剩下的就是开始行动了。

回想一下这本书的开头部分,你可能还记得卡梅隆和阿德里安在各自的公司建立公关团队时采用了两种不同的策略。在1-800-GOT-JUNK?,卡梅隆雇了一个团队来负责公司的公关工作。在DNA11,阿德里安自己承担了公关的角色。这两者有什么区别?你知道该如何组建自己公司的公关团队吗?

规模不是问题

卡梅隆和阿德里安最大的区别在于,卡梅隆进入的是一家已经有营业收入的知名企业,因此有更大的预算用在公关方面。毕竟,此前他们每个月以5000美元的价格将公关工作外包出去。

阿德里安当时掌管的是一家尚未赢利的初创企业。阿德里安自己承担公司的公关工作仅仅是为了降低成本,这样更有意义。

我们不能给你一个干巴巴的数字让你参考是否该聘用一名内部公关人员。然而,如果你的情况与卡梅隆类似,即你要定期花一大笔钱聘用公关公司,那就应该考虑将这笔钱花在专职的内部公关代表身上了。

当你开始考虑内部公关代表人选时,一定要记住:让一位首席执行官的大名赫然出现在发给记者的电子邮件中总是很有影响力的。

当然,这个人是记者在采访时最想交流的对象。然而,这并不意味着首席执行官应该建立媒体推广名单,或者发送后续的投稿邮件。

显然,这对任何一位首席执行官来说,都不是最合理的工作安排。因此,尽管公司领导者可能希望在公关领域有突破,但这并不等于他们花费了时间和金钱的同时还要事务巨细地处理公关中的日常事务。

迈出第一步

组建你的内部公关团队意味着是时候和你的公关公司分道扬镳了。不管终止代理能给你省多少钱,这肯定会让你感觉像是钻进了一个十分陌生的地方,对多年来一直依赖外部公关公司的企业来说,感觉会更加明显。扣动扳机需要有信念的飞跃。

我们看到有许多家公司有过这种顾虑,但是过不了几周,他们就会意识到这是他们做过的最好的决定之一。遵循我们在本书中总结的策略,你自己的公关代表可以在短短几周内步入正轨。其实,他们甚至在你还跟现有的公关公司合作的时候就可以开始研究媒体机构和记者,并创造故事视角。这意味着,你一终止与代理公司的合同,立刻就可以开始自己的公关工作,时间一点儿都不耽误。

卡梅隆开始负责他们公司的公关工作时,平均每天在这上面花不到一个小时,即使在这么短的时间里,他也取得了很好的成绩。他意识到,如果他能做到这一点,而且每周能在不到5个小时的时间里取得效果,他就能教别人做到这一点,并获得更多的媒体关注。

泰勒是卡梅隆聘用的第一个公关人员,他在公司的销售部工作过,但是在媒体领域,他没有任何经验。泰勒对公司和行业都进行过深入的调查研究,受到了公司文化的熏陶。正如卡梅隆预计的那样,泰勒是公司的一名伟大的使者,因为他相信公司,忠于公司,是公司的一分子。

不出几天,只经过了一次短期培训,泰勒就取得了和卡梅隆一样的成绩。

说不定你们公司也有一个泰勒——了解你的行业和产品,是个才华横溢、风度翩翩、善于沟通的人,还有销售经验。正如我们讨论过的那样,销售策略在公关中非常有用,因为这两种功能都需要持久性,都需要建立关系,都需要理解如何以最好、最引人注目的方式展现产品、服务或公司。如果你让这样的人负责公关工作,他们马上就能胜任这个新职位,给你带来超乎预期的公关效果。

寻求成功

获得免费公关比大多数人想象的要容易得多,但是了解成功是什么样子也非常重要。通常不太可能出现一群新客户蜂拥而至来敲你的门,你的收件箱里堆满邮件,或者你的推特里回复的信息挤爆的情形。每一个新媒体故事都是一块积木,它要慢慢地为你和你的公司产生更多的媒体故事,你要充分利用每一块积木。

一次成功的免费公关活动将通过制造一定的社会影响力来树

立你们公司的信誉。这种想法屡见不鲜。其实，在受众意识到公司可以说他们想说的任何关于他们自身的话之前，广告就已经替他们说了，因为他们已经为此花了不少钱。

公关能产生动力，并随着时间的流逝而不断加速。当你收集了越来越多的媒体报道时，你的营销团队可以根据他们自身的战略重新定位他们的目标，你的人力资源团队可以重新包装他们，使公司文化建设变得更强大。

你在媒体上讲的故事价值有限。持久的价值在于你如何处理这些故事，如何分享这些故事，以及如何将这些故事转化为你的优势。当你做这些事情时，公关就会成为你整个武器库中最强有力的装备之一。